国民の国民による国民のための

憲法改正

みんなで考えよう！
憲法のこと

猪俣範一［著］

日本地域社会研究所

コミュニティ・ブックス

〈特別寄稿〉

知の沃野に立つ

NPO法人 知的生産の技術研究会 理事長
多摩大学 特任教授
久恒啓一

猪俣範一さんは、60歳までは大企業の幹部として国内外で活躍したビジネスマンでした。退職後は一人で別荘に住み、それまでの鬱憤を晴らすようにゴルフ、釣り、麻雀という遊びに没頭する余暇を楽しむ趣味人として時間を重ねました。そしてここ数年にわたって目的をもって体系的に読書を重ね、この本の刊行をもって、「憲法改正」という分野に、一つの旗を立てるまでになりました。

膨大な資料を読み込み、整理し、理解し、その上で自分なりの考えをまとめ、そして体系的に文章を書いていく。このような一冊の本を書き下ろすという作業には、強い知的体力が要求されます。この段階を突破した今、彼の眼前には豊かな沃野が広がっているでしょう。その道を歩む楽しさをさらに求めていくことになるでしょう。

この本の結論ともいうべき第八章の「国民の・国民による・国民のため」の憲法改正では、さまざまな議論のあるこの問題の解決への具体的なアプローチが示されています。その論述には現代日本の大きな課題である「社会的合意形成」に踏み込もうとする気概を感じることができます。この本を材料にして、憲法に関する議論が深まることを期待しています。

猪俣さんの力作の誕生は、人生１００年時代をいかに生きるか、このテーマに立ち向かおうとする一つのモデルのさきがけとなったのではないでしょうか。長く親交を重ねてきた友人として嬉しく思っています。

まえがき

新型コロナウイルス感染症大流行で意識された憲法の存在

２０１９年（令和１）12月に中国武漢市で発生した新型コロナ感染症は、瞬く間に全世界に拡大し、パンデミック状況を引き起こしました。日本政府は、イタリア、スペイン、フランス、イギリス、ドイツ、米国等の欧米主要国に大きく遅れて緊急事態宣言を発出しました。世論調査によると、緊急事態宣言の発出には、約８割の国民が賛成するとともに遅すぎると判断し、かつ、その内容については、過半数の人が不十分と回答しています。日本の緊急事態宣言は、外出自粛・店舗の営業自粛・各種イベント開催自粛等の要請であり、具体的な罰則を伴わない内容です。それに対し、欧米主要国の非常事態宣言は罰金等の罰則を伴う強制的な外出禁止・営業禁止、都市封鎖等の内容です。新型コロナウイルス感染症が発生した時点では、日本で適用できる法律がなく、新型インフルエンザ流行に対応するために平成24年に制定された「新型インフルエンザ等対策特別措置法」の適用範囲に新型コロナウイルス感染症を加える改定案が２０２０年（令和２）３月13日に国会で承認されました。この法律に基づき、同年４月７日に緊急事態宣言が発出されました。欧米諸国に比較し、日本の緊急事態宣言の内容が罰金等の強制力を伴わない自粛要請となっているのは、「新型インフルエンザ等対策特別措置法」の規定によるものです。

大事なことは、平成24年の「新型インフルエンザ等対策特別措置法」の国会論議において、私を含めて多くの国民がそのような視点で関心を持っていないなかで、決まっていったことです。厳しく考えると、今になって政府の対応が不十分だと非難する資格は国民の多くにはないともいえます。憲法や法律は日常生活の中では空気のような存在で、必須のものですが、意識されないものです。

しかしながら、今回の新型コロナ感染症の事例で実感したように、私たち国民は、政府の対応の根底にある憲法、法律に大きな影響を受けております。新型コロナ感染拡大に対し、国民の権利をどこまで制限するのか、経済的に大きな損失を被った人たちに対し、どのような方法で救済していくのかは、まさに国民自身が直接に大きな影響を受ける問題です。

法律としての「新型インフルエンザ等対策特別措置法」の内容は、法体系の最上位にある憲法規定に由来しています。新型コロナウイルス感染症大流行により、われわれの社会生活や経済活動が法律の最上位にある憲法に、いかに影響を受けているかに気づかされました。

中国赴任生活で気づかされた憲法の重要性

憲法の話というと、とかく私たち一般国民にとっては難しく、また、日常の生活からかけ離れたものと考えがちです。

私も中国に赴任するまでは、憲法をほとんど意識することはありませんでした。中国社会の中に入り、中国人従業員を雇用し、地元政府機関と折衝し、中国顧客と交渉していく過程を通じ、憲法・法律の怖さを実感いたしました。中国では、共産党一党独裁体制の下、法律を自分たちの都合のよいように適用し、批判や抵抗する人を意図的に取り締まり、裁判にかけている実態を自身で経験しました。

共産党政府の都合のよいように法律が適用できるのは、法律の上位にある中国の憲法の規定に由来しています。中国という国家は、労働者階級の代表である共産党が指導する人民民主主義独裁国家であるとの憲法の規定があります。この憲法規定により、共産党が日本でいえば、国会議員に相当する人民代表会議メンバーや県知事や市長に相当する地方政府トップを共産党自身で選出し、国民による普通選挙はありません。労働者の代表である共産党が指導するとの大義名分の下に、司法制度も党の指揮下にあり、司法の独立も存在しません。また、中国憲法の**「いかなる組織または個人による社会主義制度の破壊を禁じる」**との規定により、政府に対する批判、非難、抗議活動を取り締まることができます。

中国のこのような状況は、大日本帝国憲法で規定されていた天皇の絶対的権力を悪用し、軍部が台頭し、全体主義・軍国主義となり、治安維持法を成立させ、当時の国家思想に反対・異議の考えをもつ組織や人を取り締まり、弾圧していった戦前の日本と同様です。

現行日本国憲法では国民主権の下、男女差別や納税額制限のない選挙権が18歳以上の全国民に与えられ、行政・司法・立法の三権分立が規定されています。また、国民は健康で文化的な最低限度の生活を営む権利が保障され、経済的困窮者に対し、生活保護金が支給されます。精神生活の面でも基本的人権の保障が謳われ、思想・良心・宗教・言論の自由が保障されています。社会生活の面でも、職業選択・居住地選択・出版・結社・集会の自由が保障されています。日本人であるわれわれが、現在、空気の存在のように当たり前と思っている多くの保障や権利も、人類の歴史の中、多数の人々の血と涙で獲得してきたものです。現行憲法の改正に反対する人たちは、戦前の全体主義・軍国主義国家体制下で、言論・出版・集会の自由が次第に制限・抑圧され、国家のために自己犠牲を強いられた暗黒の時代に戻る可能性に懸念・警戒・危惧を抱いているといえます。

憲法改正に対する国民の関心

国政に関する世論調査でも、経済・雇用・教育・医療・老後保障・教育に対する国民の関心に比較し、憲法改正への関心は、一桁台％の低い状況です。

２０１２年（平成24）に安倍第二次政権が誕生し、安倍首相が自民党の結党以来の党是としての憲法改正を表明して以降、各政党・憲法学者や政治学者等の学識者・著名人、ジャーナリストたちから、それぞれの立場からの反対、賛成の意見が出され、一般市民である私たちは一体、何が正しいのか判断に戸惑う状況です。

憲法改正反対の政党・憲法学者や政治学者等の学識者・著名人、ジャーナリストたちは憲法改正すると戦前の暗黒時代の日本が復活する可能性がある、戦争をしやすい国になる、他国の戦争に巻き込まれるなどと主張しますが、その具体的根拠の説明が不足しているように感じられます。護憲派の主張に影響され、国民の中には、憲法改正という言葉を聞くやいなや、今まで問題なくやってこられた状況と改憲イコール戦争との連想から、感情的思考停止状態に陥り、それ以上の会話に対し、拒否反応さえ起こします。

憲法改正に賛成する政党や有識者も現実に存在する自衛隊を憲法の中で明文化すべきと主張しますが、その必要性の具体的説明が不足しています。そのような状況下、多くの国民は何が正しいのか判断に迷い、現実の国民生活に直結する問題でないとの意識から、関心が薄くなっているのが現状です。

一市民である私も多くの国民と同様に、そのような状況に置かれており、中国で憲法のもつ重要性を体験したことから、このような憲法に対する国民の関心の低さに危機感を覚えました。憲法改正に反対・賛成の人たちがそれぞれなぜ、そのように思うのか、その根底にある拠り所・前提条件を調べてみたいと思いました。

一市民としての憲法改正に関する多くの「なぜ」

私が知りたいと思ったことは次のような多くの「なぜ」で表現できます。

1　なぜ、憲法改正で自衛隊の存在を積極的に容認しなければならないのか。現状の憲法第九条の内容では何が困るのか。

2　なぜ、憲法改正で戦力である自衛隊を明記し、外国からの武力的脅威に備える必要があるのか。外国からの武力的脅威は実在するのか。仮想敵国の武力的脅威は憲法改正賛成派の意図的・戦略的広報戦術であり、現実的には存在しないものなのか。仮想敵国の現在の政治体制・経済状況や近年の軍事増強・海洋膨張政策を総合的・客観的に判断すると武力行使による領土・領海・資源権益の侵略はないと何を根拠に断言できるのか。

3　なぜ、憲法改正が他国侵略・植民地化を経て、太平洋戦争に至った戦前の暗黒の時代に戻ることにつながるのか。戦前の日本と現在の日本をいろんな観点から客観的・論理的に比較して何を根拠にそのような危惧・警戒心を持っているのか。

4 なぜ、憲法改正により、日本が戦争をしやすい国になると判断されるのか。なぜ、日本の国民主権の民主主義が戦争を抑止する機能を有していないと懸念するのか。何を根拠に憲法改正が民主主義を破壊していくことになると危惧するのか。民主主義制度下での日本国民の判断能力に疑問をもっているのならその具体的根拠は。

5 なぜ、自衛隊の武力を行使して他国侵略を行なう必要性が現在の日本の状況であると考えるのか。武力による他国侵略のメリット・デメリットを、現在の国際情勢下における経済的、政治的両方の面で多面的・客観的評価するとどうなるのか。

6 なぜ、憲法改正が他国の戦争に巻き込まれる可能性につながるのか。どのような場合が他国の戦争に巻き込まれることになるのか。集団安全保障下での武力行使に対して、自国防衛のためかどうかを判断し、自国防衛と無関係な場合は認めない抑止機能を民主主義国家の国会が発揮できないと思う根拠は。

7 なぜ、どのような観点から、改憲派は国家法体系の最上位法律文書としての現行日本国憲法に欠陥があると考えているのか。もし、現行憲法に憲法としての重大な欠陥があるのなら、なぜ、何を恐れ、懸念し、憲法の専門家である憲法学者の多くが憲法改正に懸念・反対を表明するのか。

8　なぜ、国家の法体系の最上位文書である憲法に対し、国民の間では関心が薄いのか。民法や刑法等は時代の変化に合わせ、改定が適宜行なわれているのに対し、憲法だけが制定後、70年以上にわたり、改正されずにきたのか。ほとんどの他国では、適宜、憲法改正を行なっているのに、なぜ、日本国憲法だけは、改正されてこなかったのか。現行日本国憲法はそれほど完璧なのか。それとも、憲法改正を阻むものがあるのか。

あるとしたら、それは何なのか。

一市民で専門家でもない私がこのような著作物を出す意味

このような視点で一市民である私は、憲法に関する著作や関連資料を読んでみました。素朴な疑問から出発し、関心をもって憲法学者・政治学者・政治家・有識者・ジャーナリストの著作を読み、マスメディアでの発言を聞いている中で、私たち一般国民の考え方・常識・視線から判断すると疑問や違和感を覚えました。

さらに、驚くとともに落胆したのは、国民のこのような疑問に対する答えになるような説明が十分でなく、多くは自論の主張と反対側の非難・批判に終始していることでした。憲法改正に反対する人たちの著書や発表資料の多くは自論の主張と反対派への非難・批判がほとんどであり、その根拠となる客観的・多角的な論理説明は極めて少ないと判断されました。憲法学者の学識や造詣は確かに深いものがありますが、それは憲法という深い井戸の中から見た世界であり、視野が狭く、私たち一般国民の素朴な疑問に対する広い視野に立った答えや説明とは思えませんでした。憲法改正に反対するその根拠については、論理性や客観性が不足し、感情的反発に起因する情緒的・飛躍的・主観的主張が多いと感じました。

憲法改正の必要性を主張する政治家や有識者の一部にも同様な情調的・主観的主張が多く、個人主義が横行する現在の日本の姿を憂い、日本の文化や伝統を大切にする戦前の美しい国家への憧憬からくる憲法改正の必要論を感じました。政治家の主張や説明は、自分が属する政党の主張や支持者の意向を意識しているように感じられました。政府行政機関が発行する資料も同様な傾向がみられ、さらに、政府に都合のよい観点から作成された資料であると判断されやすく、客観的資料として国民に信用されにくい面があります。

マスコミに登場するいわゆる有識者は、自分の立場や得失を考えての発言が多く、時間的制約もあり、その主張の背景にある拠り所や前提条件の論理的説明が欠けているように見えました。

多くの異なる立場からの多種多様な主張・批判・非難が飛び交い、その拠り所や前提条件が整理されず、曖昧な状況に置かれています。このような状況の中で一般国民は、戸惑い、面倒くさくなり、憲法改正への関心が薄れていく状況をつくり出しているかと思います。

このような状況に対し、一市民である私は、自分自身で各主張や反対・批判意見に対するその拠り所や前提条件を検討してみることにしました。

この著作の最大の意味は一市民としての国民目線で検討し、素朴な「なぜ」に対する答えとして、各主張や批判・非難の原点となっている拠り所・前提条件を自分なりに分析し、記述したことです。

「国民の・国民による・国民のため」の憲法改正

専門家でも学者でもない一市民の私が自分で著作や資料を読みながら、分析・思索し、著した本ですので、専門性は不十分で分析能力も限界があることは十分に承知しています。自分の理解不足や分析能力不足による考え違いもあるとは思いますが、間違いがあれば、修正していけばさらに自分の考えが磨かれていくと考えています。

遠く、古代のギリシアやローマでは、市民の間で政治の話が盛んに行なわれていたといわれています。その当時、政治は自分たちの生死や利益に直結する話であり、他人に任せておけばよいことではなかったことも関係しているかと思います。

現在の日本では、親しい間柄でも、宗教と政治の話は避けたほうがよいといわれています。

宗教は自分の信じる宗教の教祖・教義・法典・聖典を絶対の前提条件としての話であり、見解の一致は見出せず、異教徒間では不毛の話です。ただ、宗教は、民主主義が定着した経済先進国では各自の精神世界の話と理解し、社会生活の中では共存可能な状況です。それに対し、政治や憲法の世界は、各自が好きな政府や憲法をもつことはできず、共通の生活基盤としての規制や影響を受けます。

日本は政治のことはお上に任せておけばよいとの歴史的意識がありました。明治以前は、政治は貴族や武士が行なうもので、多くの国民である農民・漁民・職人・商人たちは関与しないことが伝統的でした。明治維新も下級武士が主体となり達成したものであり、国民の多くが関与したものではありません。

第二次世界大戦の敗北の結果、国民主権の民主主義政治が外国の手で導入されました。ある意味では、日本の民主主義は国民の血と涙で獲得したものではなく、与えられたものといえます。国民自身が自力で勝ち取った民主主義であれば、政治に積極的に関与するのは当然という意識が働きます。日本の国民主権の民主主義政治は、たとえ与えられた・押しつけられた政治形態といえども、内容においては素晴らしいものです。

ただ、国民の政治参加という意味においては、多くの犠牲を払い、自分たちが勝ち取ったものでないことから、政治に対し自分たちの意見を積極的に反映していく意識が薄いかと思います。政治に関する議論をすることが青臭いと思われ、一般国民の間で、政治問題について議論をすることを避ける傾向があります。

政治は貴族や武士が行なうものであったという歴史と戦後の民主主義政治は外国により与えられた政治制度という事実が、日本には草の根的政治活動が希薄という状況とともに、政治的要素の強い憲法改正に対しても、国民の関心が低い状況をつくり出していると思われます。

憲法改正の議論を国民の間で真剣に交わすことは、政治に対し国民が積極的関与をしていく意識を喚起していくことにつながると思います。民主主義政治は、第二次世界大戦の敗北の結果として、外国により強制的に導入され、与えられたものとなりました。これは過去の歴史であり、変えようがありません。現行日本国憲法も敗戦国の戦後処理の中で、戦勝国から草案という形で与えられたものです。この与えられた憲法を、護憲の人も改憲の人も含めて、再度、国民全体で真剣に議論し、検討し、最後は選択していくことにより、まさに国民が真に選んだ憲法になると思います。

その観点からすると、国会で反対派が強硬に反対する中、一つに絞った改正案を提示し、その賛否のみを強引に国民投票にかける現在の憲法改正方法に対し、疑問を感じます。憲法改正に対し、国民が深い関心を持ち、さらに国民の意思を積極的に反映できる一つの方式を、本書の中で提案しました。詳細は本文を読んでいただければと思いますが、改正案は各政党や議員グループで独自案複数を提示し、国民が参加するテレビ公開討論で徹底的に議論し、その上で国民投票にかける方式です。このような憲法改正方法を通じて、国民が真に選んだ憲法という意識が生まれます。その意味を込めて、本書のタイトルを『国民の国民による国民のための憲法改正』としました。私が提案する憲法改正方式により、憲法改正に対する国民の積極的関与が実現でき、国民が真に選んだ憲法という意識と誇りが生まれると思います。さらに、このような経験を通じて、政治の面でも国民が積極的に関与していく政治風土が日本に根づくことも大きな期待です。

目次

〈特別寄稿〉知の沃野に立つ……2
NPO法人 知的生産の技術研究会 理事長
多摩大学 特任教授　久恒啓一

まえがき……4

第一章　憲法と国民との関係……22
一　混迷する日本国憲法改憲——混迷の原因と解決への道……22
二　憲法は私たちの現実の生活から遠い存在なのか……25
三　世界の憲法制定の経緯と目的——憲法は国王の横暴から国民を守るためにつくられた……31

第二章　現行憲法に内在する欠陥——表現の曖昧さと内容の不完全さ……34
一　真の国民審査を受けていない日本国憲法——戦後の占領下で米軍によって

起草された草案……34
二　憲法第九条の曖昧さ……37
三　憲法改正手続きに関する記述の曖昧さ（第九十六条）……40
四　総理大臣専管事項・衆議院解散権の驚くべき根拠……42
第三章　憲法第九条は記述の曖昧さにより、迷走してきた……46
一　憲法第九条は過去、有効に機能してきた……46
二　自衛隊の存在は違憲だが、現実には必要……49
三　世界情勢の変化に解釈で対応してきた実態……50
（一）自衛隊発足の経緯……50
（二）憲法第九条条文の作成経緯……52
（三）初期の憲法第九条政府解釈（芦田修正案）……53
（四）２０１４年閣議決定見解（九条・前文・十三条融合解釈）……55
（五）憲法学者による国際法照合解釈……57
（六）自衛隊海外派遣の拡大……59
（七）２０１５年安倍政権による平和安全法制制定……62

四　なぜ、憲法第九条改正がタブー視されてきたのか　64

第四章　改憲論議を進めるうえで確認したい前提条件　68
一　最高法規としての不完全さの是正　68
二　憲法は原理・原則に限定し、方法論や詳細内容は法律で　69
三　憲法の目的は国家権力の横暴と国民の集団暴走の抑止　76

第五章　憲法第九条についての論点を整理し、評価してみる　90
一　自民党の改憲案　90
二　「自衛隊の明記」に反対する人たちの思想と背景　94
（一）戦前の日本の軍国主義・全体主義国家復活に対する警戒心　95
（二）崇高な理念としての平和主義　97
（三）武力侵略の歴史の反省に立った平和主義　106
（四）他国の戦争に巻き込まれる懸念　115
（五）第二次安倍政権に対する不信感　119

（六）戦前日本のエスタブリッシュメント層・保守支配層の子孫とその取り
巻きに対する感情的反発……127
（七）権力に対する感情的反発……131

第六章　「自衛隊の明記」が戦争につながるのかを検証してみる……136
一　戦前・戦後の日本を比較するうえでの4つの視点……136
二　日本最初の憲法制定……137
三　悪用された大日本帝国憲法……140
四　太平洋戦争に至る歴史……143
五　国際情勢下での国内状況の戦前・戦後の比較……147
六　民主主義成熟度についての戦前・戦後の比較……151
七　軍人の意識についての戦前・戦後の比較……156
八　国家思想についての戦前・戦後の比較……158

第七章　現行憲法に追加したい項目……164
一　追加が論議されている項目……164

二　憲法に緊急事態条項を追加すべきか …… 165
三　教育の完全無償化 …… 172
四　国際平和構築に向けての意思表明 …… 176

第八章「国民の・国民による・国民のため」の憲法改正 …… 198
一　現行法制下での憲法改正の手続 …… 198
二　問題が多すぎる現行法律下での憲法改正 …… 201
三　憲法改正方法への提言 …… 205
四　国民参加型テレビ討論による徹底した論議 …… 211

あとがき …… 216

第一章　憲法と国民との関係

一　混迷する日本国憲法改憲――混迷の原因と解決への道

改憲賛成・反対の原点となる拠り所・前提条件の明確化

日本国憲法改憲についてはさまざまな意見が政治家・有識者・ジャーナリストから出され、私たち国民は一体、何が正しいのか戸惑いを覚える状況です。憲法改憲の是非については多くの書籍が出版され、著者それぞれの立場で自論を展開しています。また、テレビ番組でも出演者間で激論が展開されますが、時間の制約もあり、論点の整理が進まず、いつも消化不良の感を否めないのが実感ではないでしょうか。

その原因を探ると各政治家・有識者・ジャーナリストの自論の原点としての拠り所・前提条件に関する議論の掘り下げが不足しているように感じられます。各々の自論の拠り所・前提条件が絶対に正しいという立場に立つと、そこから先の論理展開と、それから導き出される結論は、おのずから別のものにならざるを得ません。

一市民の私は、憲法改正論者と改憲反対論者が何を拠り所・前提条件として、それぞれの主張を展開しているのかに大きな興味をもち、マスコミ情報を見聞きし、書籍を読みました。改憲反対論者たちは何を恐れ、警戒し、危惧し、問題視し、憲法改憲に反対しているのかを探り、また、改憲論者たちはなぜ改憲を必要と考え、どのような意図で改憲しようと考えているのかに興味をもち、それぞれの妥当性を市民の目線と常識で客観的・多角的に検討し、自分の意見を記述しました。

統合不可能な宗教・感性に基づく趣向の世界・共通規範としての憲法

宗教では、開祖・教祖がおり、教義・聖典があり、それらが絶対に正しいという前提ですので、異なる宗教間での融和はあり得ません。熱心な信者ほど、異教徒との対立になりやすく、そこに世俗的な利害がからむことが現実世界では多く、それが根深い対立のもととなり、争い・紛争・戦争の原因にまで発展します。

近代化が進んだ国家では、宗教に起因する過去の争い・紛争・戦争に学び、宗教は個人の内なる精神世界に留めておく知恵を身に着け、宗教の自由を保障し、宗教の違いによる世俗的差別を防ぐようになってきています。残念ながら、内乱・紛争・戦争状態が収まらない国や地域においては、宗教の絶対化から出てくる不寛容さと宗教の違いによる現実世界での利害対立から抜け出せない状況です。

スポーツ観戦や芸術鑑賞の趣向の世界では、好きなものは好きという感性を拠り所にしています。おそらく、感性としてなぜ好きなのかは、本人が意識していない潜在的理由があろうかと思いますが、そんなものを探っていっても仕方がなく、また、味気なくなります。野球・サッカー等のチームや選手のファンになった経緯も自分の親・兄弟・親戚・友人の影響かもしれませんし、地元・出身地が影響しているかもしれませんが、いつのまにか、ファンになっていたということが多いケースでしょう。宗教や趣向の世界は自分の精神世界内のこととし、他人に強要しなければすみます。

しかしながら、憲法の問題は各人が自分の考えに合った憲法を内なる精神世界にもつようなことはできず、私たちが生活する現実の世界で、制定された共有の憲法に従い、国民一人一人が保障と制約という形で大きな影響を受けるものです。

二　憲法は私たちの現実の生活から遠い存在なのか

憲法論議は市民にとって青臭い議論なのか

憲法の話になると政治家や憲法学者たちの政治的・専門的な難しい話で、改めて勉強するのも面倒で専門家に任せておけばよいと思いがちです。また一方で、真剣に議論するとお互いに気まずい雰囲気になりがちで、話題にしても青臭い議論と片づけられそうで避ける傾向があります。

この根底にあるのは自分たちの生活に直結している賃金・就職・教育・社会保障・医療問題等々と異なり、憲法は自分たちの身近な現実生活から遠い存在だとの意識です。しかしながら、われわれが日常生活の中で意識しないだけで、実際には大きな影響力をもっているのです。

徴兵制度が存在すれば

隣国の韓国では現在でも徴兵制度があり、今は廃止されましたが、第二次世界大戦後の西ドイツや米国でもありました。もし、日本に徴兵制度があり、国民として一定期間、兵役に就くことが義務付けられるとしたら、大学入学前か、学業途中か、卒業後か、一端就職後か、現実の的問題として悩むことだろうと思います。徴兵制度が存在する国民にとっては、まさに現実の生活に直結する問題といえます。

憲法で守られている国民生活

われわれの日常生活でとくに意識はしていませんが、少し、注意深く考えれば、憲法によって守られている面は非常に多いことに気づかされます。第二十五項**「すべての国民は、健康で文化的な最低限度の生活を営む権利を有する。」**の条文のおかげで、国は経済的困窮者に対し、生活保護金を支給する義務を課せられています。経済的困窮者に対しては、本人と無関係な国民の税金を国が使い支給するより、もっと身近な家族や親戚が経済的負担をすればよいという考え方もあります。この考え方に対し、憲法で国民同士が経済的に助け合うことへの合意を示したことにより、国家は生活保護金の支給義務が課せられ、従わない場合は、生活困窮者は憲法違反として国を訴える根拠をもつことになります。

日本では、思想・信仰・言論・出版・集会・結社・職業選択・居住選択等々の自由が空気の存在のように当たり前の権利として理解されています。しかしながら、これは憲法によって国民の権利として保障されているからです。

中国の憲法では

思想・信仰・言論・出版・集会・結社の自由が認められていない中国では、政府に対する批判・非難は許されず、政府転覆の容疑で逮捕されます。このような状況が許されるのは、中国の憲法に起因しています。中国憲法の第一条の内容を記載します。

中華人民共和国は、労働者階級の指導する、労農同盟を基礎とした人民民主主義独裁の社会主義国家である。社会主義制度は、中華人民共和国の基本となる制度である。いかなる組織または個人による社会主義制度の破壊も、これを禁止する。

中国憲法の第三十五条で中華人民共和国公民は、言論・出版・集会・結社・行進および示威の自由を、第三十六条で宗教信仰の自由を許されています。しかしながら、政府に対する批判・非難は第一条の社会主義制度で禁止されている破壊活動とみなされ、逮捕されることになります。

戦前の大日本帝国憲法下では

戦前の日本でも、１９２５年（大正14）に国体（天皇制）の変革や私有財産制度を否定する運動を取り締まる法律「治安維持法」が制定されました。この法律は１９１７年（大正６）のロシア革命後の共産主義思想の拡大に脅威を感じ、共産党や無政府主義者を取り締まる目的で制定されました。１９２８年（昭和３）に、共産党および関連団体の一斉検挙が行なわれ、１６００名が逮捕され、翌年の昭和４年にも大量検挙が行なわれ、共産党は事実上、解体されました。その後も、逮捕者は戦争に反対する人、国体（天皇制）否定につながる宗教家にも拡大されました。具体的な破壊活動でなく、思想としてもち、発言し、結社・団体をつくることが取り締まりの対象となりました。現在の中国が社会主義制度を破壊する活動を憲法で禁止し、共産党一党独裁体制に対して批判・非難する人たちを逮捕する状況と酷似しています。

現行日本国憲法下での普通選挙

現在の日本では、18歳以上であれば、納税額や男女の区別なく、誰でも選挙権をもつ普通選挙が当然となっています。戦前は女性には選挙権が与えられておらず、日本国憲法第十四条「**すべての国民は、法の下に平等であって、人種、信条、性別、社会的身分または門地により、政治的、経済的、社会的関係において、差別されない**」によって、戦後、女性が初めて選挙権をもつに至りました。普通選挙は日本国憲法の第十五条の「**公務員を選定し、及びこれを罷免することは、国民固有の権利である。公務員の選挙については、成年者による普通選挙を保障する。**」で国民の権利として保障され、その詳細は法律としての公職選挙法が策定されています。

ここで使用されている「公務員」の用語の意味はわれわれが通常理解している国家公務員や地方公務員ではなく、国会議員や地方議員のことです。日本国憲法第四章「国会」では、参議院・衆議院の議員と記載されており、用語の統一がなされていません。あとで触れますが、現在の憲法は用語の不統一、さらに文章表現の曖昧さを指摘される面が相当あり、国家の最上位の法律文書としては、検討すべき課題だと思われます。

中国憲法下での普通選挙がない実態

中国では国民による直接選挙はなく、最高機関である人民代表大会の委員は共産党指導部が推薦する党員を党員間の形式的選挙で追認する形で選ばれます。これが、中国憲法第三条「**全国人民代表大会及び地方各級人民代表大会は、すべて民主的選挙によって選出され、**」の実状なのです。国民でなく、共産党指導部が推薦した党員が国民の代表であることの正当性は第一条「**中華人民共和国は、労働者階級の指導する労農同盟を基礎とした人民民主主義独裁の社会主義国家である。**」にその根拠を置いています。すなわち、共産党は労農階級の代表で国家を指導する立場にあり、独裁的に人民代表会議の委員を選出してもよいとの理屈です。

日本と中国の憲法比較

日本と中国の憲法を対比すると国民の社会活動・政治活動・経済活動に与える憲法の影響の大きさと重要性がよくわかります。日本では国民主権の根幹である普通選挙が保障され、個人の基本的人権、さらに思想・信仰・言論・出版・集会・結社・職業選択・居住選択の自由が尊重され、保障されています。一方、中国では共産党が労働者の代表で指導する立場という前提で国民による選挙の必要性を認めない一党独裁体制下、社会主義制度の堅持の名目で批判・非難を容認せず、国民は基本的人権や多くの自由が制限・侵害されています。

憲法は国家と国民との間の共通合意として、われわれの実生活に密接で重大な影響を与える存在なので、徹底した議論の上で大多数の国民が理解し・納得し・支持することが絶対的に必要不可欠です。憲法に関する議論を深めるためには、さまざまな意見の原点となる拠り所・前提条件については、宗教における聖典・教義の絶対化や芸術・スポーツにおける感性・好みと同様に扱うことは許されず、現実的・客観的・多面的観点からその妥当性を深く検証してみる作業が必須です。そのような観点に立ち、憲法改憲に関する政治家・有識者・ジャーナリストのさまざまな意見を紹介し、その原点となる拠り所・前提条件を探り出し、その妥当性を現実的・客観的・多面的に探っていきたいと考えます。

三　世界の憲法制定の経緯と目的――憲法は国王の横暴から国民を守るためにつくられた

憲法の原点「権利の章典」から始まる英国憲法

憲法はどのような経緯や目的で創られたのでしょうか。憲法の原点は、英国の「権利の章典」といわれています。権利の章典は１６８８年に名誉革命により、イングランド国王ジェームス二世が追放され、代わってオランダ共和国から迎えられたウィリアム三世・メアリー二世と議会との間で交わされた誓約書です。国王の存在を認める一方、議会の同意を得ない課税禁止や法律適用禁止ならびに議会選挙の自由・人身の自由等の国民が過去、獲得してきた保障や権利の遵守を国王に約束させたものです。

日本の憲法は国家の最上位の法律として単一の法典で構成されている成文憲法ですが、英国憲法は１２９７年につくられた有名なマグナ・カルタ（自由の大憲章）や権利の章典等の歴史的法典とその後の歴史のなかでつくられてきた幾多の基本的法律から構成される不成文憲法で、単一の憲法法典は存在しません。

世界で最初の成文憲法である米国憲法

世界で初めてつくられた成文憲法はアメリカ合衆国憲法で、英国との独立戦争を経て、独立を果たした後の１７８７年に作成されています。米国は、独立宣言時は13の州からなり、州の権益に対しこの連合体としての連邦国家にどのような権限を持たせるのかが憲法作成時の大きな課題でしたが、憲法の基本概念は母国である英国の影響を大きく受けているといわれています。

立憲君主制への移行を示したフランス憲法

米国に次いで世界で2番目に早い時期、１７９１年に作成されたのがフランス憲法です。絶対王政の圧政に対し、１７８９年にフランス革命が勃発し、その結果、つくられた憲法です。この憲法は前文に人権宣言十七条を置き、王権は神から授けられたとする王権神授説に立脚する絶対王政から、立憲君主制への移行を宣言したものです。この憲法は当時のフランスの社会的・政治的混乱状況を背景とした革命派と反革命派間の妥協の結果、国民主権原理を前提にしているものの、国王は行政権をもち、内閣閣僚を議会外から任免することができ、議会の立法権に対する拒否権をもつ内容となっていました。選挙制度においては、選挙権は一定の納税者（能動的市民）にのみ与えられ、国民の大半を占める農民や貧民たち（受動的市民）には与えられていませんでした。

フランス革命後の動乱の中、政治体制も共和制・王政復古・帝政と変遷し、それとともに憲法も変わっています。フランス憲法は最初の憲法から１９５２年に成立した第五共和国憲法まで15回にわたり、変わっています。そのときの時代の状況を反映し、権力を握った人々が新しい政治体制を組む基本として制定したものでした。英国憲法・米国憲法・フランス国憲法の成立経緯や目的をみますと絶対権力者としての国王の横暴を防ぎ、国民の自由・財産を守るために、選挙を通じての国民主権を確立し、国王の権限を制限するものでした。

第二章　現行憲法に内在する欠陥——表現の曖昧さと内容の不完全さ

一　真の国民審査を受けていない日本国憲法——戦後の占領下で米軍によって起草された草案

戦勝国・米軍が作成した日本国憲法草案

改憲の必要性の根拠の一つとして、現在の日本国憲法は第二次世界大戦直後の米軍占領統治下で、国家の基本である憲法が短期間につくられ、国民の十分な議論・審査を受けていないという考え方があります。

戦後の日本に米軍を主力とする連合国軍が進駐し、ダグラス・マッカーサーを最高司令官とする連合国軍最高司令官総司令部（General Headquarters：ＧＨＱ）が東京に置かれました。ＧＨＱの日本占領・管理の基本政策は日本の旧体制を解体し、二度と戦争をできない国家として再生させることでした。

当初は日本国側に大日本帝国憲法（明治憲法）の見直しを指示しましたが、米国側の意図する基本政策と大きく異なることから、マッカーサーの指示下、ＧＨＱ民生局のメンバーが短期間（6日間や9日間という説がある）に作成した草案を日本側に提示し、それをベースに日本国憲法案が作成されました。GHQ民生局の憲法草案作成メンバーは大学で法律、政治、財政等を学んでいますが、平時であれば、憲法草案作成に選ばれるような専門性や経歴を有していたのかどうかの疑問が残ります。

憲法草案作成を急いだ背景は、天皇制解体を主張するであろう共産主義国家のソ連や蒋介石総統が率いる中華民国を含んだ戦勝国で構成される極東委員会の発足が身近に迫っており、発足前に骨格を決めておく必要があったと考えられています。

出来上がった日本国憲法案を衆議院と貴族院で修正可決し、終戦の翌年1946年11月3日に公布、翌年5月3日に施行されました。占領統治したGHQが新憲法作成を日本政府に対し指示した1945年10月から新憲法公布までが13カ月に満たない短期間に作成されたもので、そこには国民の十分な議論や審査が存在しなかったことは否定しようがありません。

憲法草案にかかわった人たちの証言

日本国憲法の成立経緯については、西修駒澤大学名誉教授の著作『証言でつづる日本国憲法の成立経緯』（海竜社）に詳細に記されています。当時の日本国憲法作成・制定にかかわった日本人、マッカーサー草案作成にかかわったGHQメンバーやそのほかのGHQ所属メンバーとのインタビューが記載されており、当時の状況がよくわかります。

インタビューの中で、彼らの大半の人は日本国憲法が制定以来、一度も改正されていないことを知らず、驚いた印象を受けたと西修名誉教授は記述しています。マッカーサー草案作成にかかわった人たちは、暗中模索状態で急いでつくったもので、さまざまな問題が残っており、その後、当然、改正されているだろうとの認識を示したと西修名誉教授は記しています。さらに、マッカーサー司令官の命令によって、暫定的なものとして極めて短期間に起草した草案であり、占領期間の終了後、日本国民の手で恒久憲法がつくられるだろうと作成当時は考えていたとあります。そして、問題があれば変えればよいとの米国人特有の実用的姿勢で憲法草案を作成したと当時の考えを伝え、その後、一字一句も変えていないことに草案の起草メンバーたちは驚きと不思議さを感じていたとあります。米国人である草案起草者たちがそのような印象や感慨をもっていたとしても、日本の終戦直後の敗戦からくる過度の左傾化と日本人の生真面目さが憲法改正をタブー視することになったと思われます。

米国も加入している「ハーグ陸戦条約」においては、「戦勝国が敗戦国の法律をかえることは許されない」とされており、GHQ指導下で日本国憲法を作成した行為は国際条約違反との指摘もあります。以上のような経緯で作成された日本国憲法を第九条の是非も含めて、国民で新しく議論をし、最後は国民投票という審査にかけることが、日本国民が日本国憲法を真に誇りをもって大切にする意味において、必要であると思います。

二　憲法第九条の曖昧さ

自衛隊は違憲か、合憲か

改憲の必要性の２つめの根拠として、現行日本国憲法は記述の曖昧さや記載すべき項目の欠如という欠陥があり、国家の最高位の法律規範として、必要な修正を行なうべきとの考え方があります。

その最初の実例はまさに憲法第九条そのものです。第九条を紹介します。

（一）日本国民は、正義と秩序を基調とする国際平和を誠実に希求し、国権の発動たる戦争と、武力による威嚇又は武力の行使は、国際紛争を解決する手段としては、永久にこれを放棄する。

（二）前項の目的を達するため、陸海空軍その他の戦力は、これを保持しない。国の交戦権は、これを認めない。

まず、この条文を読み、自衛のためとはいえ明らかに軍隊である自衛隊が合憲か違憲か自己判定をしてみてください。私も繰り返し読みましたが、合憲とも違憲とも解釈できそうですが、どちらかの判断を要求された場合は違憲と言わざるを得ないような気がします。

憲法第九条は多義的解釈が可能である不適格な法律文書

自衛隊は戦車・戦闘機・護衛艦等の軍備を保有し、軍隊を使用しての外国からの武力侵略に対し、国土と国民の生命・安全・財産を守る目的から判断して、戦力としての軍隊であることは誰が考えても明白です。

戦前の日本では軍隊と言っていたのを、戦後は自衛隊という名称を使うのは第九条の存在があり、自衛の目的と限定することにより自衛隊の存在を辛うじて容認するための配慮です。はたして、第九条は自衛のための戦力の保有を容認しているのでしょうか。第九条は読めば読むほど、曖昧でいろいろな解釈ができるような気がしてきます。

第一項で言及している武力行使は、他国に対する侵略行為の場合のみを対象としているのか、それとも自衛のためを含めたすべての場合を対象としているのか不明確です。厳しく考えれば、他国から侵略された場合の自衛のための武力行使も広義の国際紛争と言えなくもありません。そのような解釈に立つと、第一項の「国際紛争を解決する手段」に該当することになり、自衛のための武力行使も放棄していることになります。自衛のための武力行使は、国際的通念として認められているとの解釈に立てば、第一項は自衛のための武力行使の放棄までは規定していないことになります。第一項で武力行使を放棄しているのは、他国に対する侵略行為の場合であり、自衛のための武力行使の場合は該当しないという前提に立てれば、第二項の「前項の目的を達するため」の文言が意味を成してきます。

第二項冒頭の「前項の目的を達するため」という文言が挿入された経緯は日本国憲法の審議段階にあります。日本国憲法の原案を審議した第90回帝国議会で芦田均衆議院議員が「前項の目的を達するため」という文言を追加する修正案を出し、可決されて現在の記述内容となっています。なぜ、この文言を追加する修正案を芦田衆議院議員が提出し、衆議院で了承されたかです。「前項の目的を達するため」の文言がなければ、どういう条件下でも絶対に陸海空軍の戦力を保持できず、交戦権も認められないということになります。これでは、他国が武力で侵略してきても戦う戦力もなく、また、組織的な抵抗の戦いも認められないという理不尽なことになります。第二項冒頭の「前項の目的を達するため」という文言を挿入すれば、陸海空軍その他の戦力を保持しないのは一項の目的を達成する場合に限定され、かつ、一項は他国への武力侵略だけを意味していると解釈すれば、自衛のための戦力保有は、一項に該当せず認められるとの含みを残す意図で芦田議員は追加したと思われます。第九条の文章は曖昧で、いろんな解釈が可能であり、第九条の内容から判断して自衛隊は違憲であると判断する有識者も少なくありません。40

三 憲法改正手続きに関する記述の曖昧さ（第九十六条）

憲法第九十六条の記述の曖昧さ

憲法の記載内容の曖昧さを示す二例目は憲法改正に関する第九十六条です。その第一項には次のように記載されています。

この憲法の改正は、各議院の総議員の三分の二以上の賛成で、国会が、これを発議し、国民に提案してその承認を経なければならない。この承認には、特別の国民投票又は国会の定める選挙の際行われる投票において、その過半数の賛成を必要とする。

この条文を読んで、一市民である私は今、国会で自民党が両院議員の三分の二以上の賛成が得られる改正案を作成するために悪戦苦闘しているのはなぜだろうという疑問がわきました。

この条文には各議院の総議員の三分の二以上の賛成で、国会が何を発議し、国民に提案するかが明確に記載されていません。すなわち、憲法改正の具体的条文内容を提示しての発議なのか、それとも改正案の提示を含まない憲法改正実施のみなのかが明確に記載されていません。さらに、厳密さを欠いているのは、国民の過半数とありますが、母数が有権者全体なのか、あるいは投票者数なのかが曖昧な点です。

法律である国会法では明確に規定

このような憲法の記載内容の曖昧さを補足するために、国会の運営などを規定した法律である国会法（１９４７年〈昭和22年〉制定）の第六章の二（日本国憲法の改正の発議）には、次のように規定されています。

第六十八条の二　議員が日本国憲法の改正案（以下「憲法改正案」という。）を発議するには、第五十六条第一項の規定に関わらず、衆議院においては議員百人以上、参議院においては議員五十人以上の賛成を要する。

第六十八条の三　前条の憲法改正原案の発議に当たっては、内容においての関連事項ごとに区分して行うものとする。

日本国憲法九十六条の文言と比較して、国会で発議するのは改正案であることが国会法には明確に示されています。

また、「内容においての関連事項ごとに区分して」の意図は、国民の賛成の得やすい改正事項と議論の分かれる改正事項とをセットにし、争点をごまかして、国民投票にかけることを防止するためです。

国民投票の具体的手続きは、２００７年（平成19）に制定された日本国憲法の改正手続きに関する法律（通称、国民投票法）で規定されました。投票権は改正案ごとに18歳以上の国民が一人一票の投票権を持ち、過半数の母数は選挙権を持つ総人数ではなく有効総投票数となっており、国民投票の有効無効の判定としての最低投票率制限は設けないとしています。

四　総理大臣専管事項・衆議院解散権の驚くべき根拠

憲法の該当章「国会」・「内閣」で明確な規定のない衆議院解散権

現行憲法の曖昧さを示す３つめの例として、内閣総理大臣による衆議院の解散権の問題があります。時の総理大臣が衆議院を解散する際に、野党は大義なき解散と非難し、与党は総理大臣の専管事項であると主張するのをよく耳にします。衆議院の解散は憲法の第四章「国会」、第五章の「内閣」で記載されているはずです。第四章「国会」では、総理大臣の衆議院解散の権限に関する記載はありません。第五章「内閣」において、総理大臣の衆議院解散権限に関する第六十九条では、次のように記載されています。

内閣は、衆議院で不信任の決議案を可決し、又は信任案を否決したときは、十日以内に衆議院が解散されない限り、総辞職をしなければならない。

つまり、内閣への不信任案可決か信任案否決の場合は、衆議院の解散か内閣の総辞職のどちらかを選択しなければならないという規定です。これ以外の場合でも、任意の時期に無条件に内閣総理大臣による衆議院解散が実施されています。与党議員は衆議院の解散権は総理大臣の専管事項と言い、野党議員は大義無き解散と非難しますが、これに関する規定は第四章「国会」、第五章の「内閣」のどの条項にも記載されていないのです。

天皇の国事行為に関する間接的表現を根拠とする衆議院解散権

総理大臣の衆議院解散の根拠とされる条文はなんと驚くことに、第一章「天皇」第七条にあるのです。第七条の関連する内容は次のとおりです。

天皇は、内閣の助言と承認により、国民のために、左の国事に関する行為を行ふ。

1 憲法改正、法律、政令及び条約を公布すること。

2 国会を召集すること。

3 衆議院を解散すること。

その他、4から10までありますが省略します。総理大臣の衆議院解散権の根拠を、「3 衆議院を解散すること。」を内閣の助言と承認により天皇が行なうという間接的表現においています。内閣の不信任可決か信任案否決の場合は内閣総辞職か衆議院の解散を選択する総理大臣の権限は第六十九条で明確に記載されています。総理大臣が任意の時期に無条件に衆議院を解散する権限を有するとの明確な記載は憲法のどこにもありません。憲法第七条の天皇の国事行為に関する間接的表現を根拠とした総理大臣による衆議院解散の過去の例が慣例として常態化しているだけです。

ある意味では、総理大臣の専管事項としての無条件の衆議院解散権は国民が選んだ議員を総理大臣の都合で罷免することであり、憲法違反であると糾弾されても仕方がないと思います。

現行憲法の欠陥を問題視しない憲法学者としての恥ずべき対応

残念ながら、現行憲法は、国家として極めて重要な戦力保持や交戦権保有の是非・憲法改正手続きの具体的内容・国民が選んだ衆議院議員を総理大臣の都合で罷免できる衆議院の解散権に関連し、曖昧さを内包していることは否定できないかと思われます。憲法専門家の多くの人が自分たちの判断のよりどころである現行憲法の曖昧さ・不完全さの欠陥を問題視せず、憲法改正に反対する姿勢は、憲法を大切にし、その重要性や信頼性を守るべき立場であることから判断して、恥ずべき行為だと思います。

自民党に対する不信感や嫌悪感、さらに戦争がしやすい戦前の日本に戻るとか、米国の戦争に巻き込まれるといった懸念・不安・心配と憲法改正の問題を峻別して検討すべきと思われます。憲法改正に反対する憲法学者は自分たちが懸念・不安・心配を感じる問題に対する国民の適正な判断能力を疑問視しているのでしょうか。一市民の私は憲法学者のそのような考えは国民をばかにした思い上がりであり、国民は正しい情報を与えられれば、適切な判断能力をもっていると主張させていただきます。

第三章　憲法第九条は記述の曖昧さにより、迷走してきた

一　憲法第九条は過去、有効に機能してきた

再度、憲法第九条の条文を紹介します。

（一）日本国民は、正義と秩序を基調とする国際平和を誠実に希求し、国権の発動たる戦争と、武力による威嚇又は武力の行使は、国際紛争を解決する手段としては、永久にこれを放棄する。

（二）前項の目的を達するため、陸海空軍その他の戦力は、これを保持しない。国の交戦権は、これを認めない。

現在の憲法第九条はそのまま維持すべきであるとの考えに立つ護憲派の意見は、以下の（A）、（B）、（C）、（D）に大別できるかと思います。

(A) 人類の希求する恒久的世界平和を世界に訴える理想的憲法

第九条で正義と秩序を基調とする国際平和を希求する姿勢を示し、武力による威嚇または武力行使を否定し、陸海空軍の戦力放棄を謳っている素晴らしい内容である。世界の各国が目指さなければならない国際平和を世界に先駆けて示した理想的な憲法であり、人類の将来の希望として絶対に堅持すべきである。人類がめざすべき理想的な平和の理念が示されており、日本が世界から尊敬され、信頼される拠り所となっている。

(B) 戦後の戦争回避や経済復興は憲法第九条のおかげ

第二次世界大戦後、日本が戦争を回避できたのは憲法第九条の存在が大きい。戦力不保持と交戦権放棄宣言により、第二次世界大戦で多大な損害を与えた中国や東南アジア諸国への不安感・不信感をやわらげ、国際社会に復帰でき、軍事費用を抑え、経済発展することができた。また、憲法第九条は米国が行なった朝鮮戦争・ベトナム戦争・イラク戦争に参加させられる事態を防ぐ盾となった。米国の戦争に巻き込まれないためにも第九条は堅持すべきである。

(C) 憲法第九条は日本が再び侵略的戦争を引き起こすことを防止するための政治権力を縛る抑止力

第九条に明示的に記載されている戦力不保持、交戦権放棄は侵略的戦争を時の政治権力が引き起こすことに対し、明確な憲法違反と国民が指摘し、異議・反対を表明できる原点である。

憲法の大きな役割の一つは国家権力の暴走を防ぎ、国家権力から国民を守ることである。国家権力は、国家・国民のためという大義名分を掲げ、自分たちの権力・権益・利益の維持・拡大のために、武力を用いて他国の権益の侵害や領土・領海・領空の侵犯を引き起こす可能性を常にもっている。

（D）憲法第九条は侵略した他国に対する日本国国民として反省に立った不戦の誓い

国民自体も自分たちの短期的・直接的利益が損なわれる困難な状況では、時の政府の政治的スローガンに扇動され、時の政府を支持・協力する勢力となり、武力行使を容認する国家的空気を醸成し、武力行使による解決に踏み出す可能性が常にある。第二次世界大戦前の日本の状況がまさにこれである。当時の日本においては、多くの国民は経済的に困窮し、資源のない国家として中国やアジアに資源確保のために侵略していくことが国家・国民の生き残り戦略と判断される状況だった。日本の中国やアジアへの侵略は、先に同地域に権益と植民地を確保している欧米先進国との間で利害衝突を引き起こす結果となった。国民の多くも自分たちの経済的苦境から脱していくやむを得ない道として、時の政府を支持し、その過程で軍部が次第に発言力をつけ、政治的権力を握るようになり、軍国主義・全体主義国家として戦争を拡大し、最後は第二次世界大戦に突入した。戦争で日本の国土は焦土と化し、民間人を含め、多くの日本人が尊い命を失った。さらにアジアの国々を戦火に巻き込み、国土を荒廃させ、人命を奪う結果になった。戦力不保持・交戦権放棄を謳った憲法第九条に手を加えることは日本国民自身が戦争による悲惨な惨禍を風化させ、真摯な反省を忘却し、再び戦火の道を歩む可能性に繋がり、絶対に許されることではない。

二　自衛隊の存在は違憲だが、現実には必要

誰が見ても自衛隊は明らかに軍隊

警察と軍隊の目的と装備は明らかに異なります。警察は国内の治安が目的ですので、装備も警棒・短銃・催涙ガス・放水車等と軽装備です。一方、軍隊は外国からの領空・領海・領土への侵犯に対し、反撃し、国民の安全や財産と国家の主権を守るため、陸軍・海軍・空軍を組織し、機関銃・戦車・迫撃砲・空母・駆逐艦・戦闘機・爆撃機・哨戒機等の重装備を保持します。自衛隊は軍隊であるかどうか海外の方に聞けば、明らかに軍隊であるとの答えがほとんどだと思います。子どもたちに自衛隊の演習を見せれば、明らかに軍隊であると言うと思います。誰が見ても自衛隊が軍隊であることは認めざるを得ないかと思います。

憲法第九条と軍隊である自衛隊存在の矛盾

憲法学者も憲法第九条の条文に照らし合わせて厳格に判断すれば、実態は軍隊である、自衛隊は違憲であると指摘せざるを得ません。憲法を学習した子どもから、憲法に陸海空の戦力は保持しないと記載されているが、どうして明らかに軍隊である自衛隊が存在しているのか質問されて、大人は答えに窮するかと思います。これは憲法との整合性がないごまかしだから、子どもに説明できないのです。国の基本である憲法に、子どもに説明できない、外国人に理解されない矛盾があること自体が、日本という国の実体をごまかしていることを示していないかということです。第九条堅持の考え方に従うと憲法上、自衛隊は違憲で、即、解体すべきと主張すべきですが、そこまで、踏み込んで主張する政党は現在では少数です。

三　世界情勢の変化に解釈で対応してきた実態

（一）自衛隊発足の経緯

朝鮮戦争勃発という状況が発生し、１９５０年に政府は警察予備隊を発足させ、１９５２年には保安隊に改組され、さらに１９５４年には自衛隊となりました。平成29年度末時点で、陸上自衛隊約13万７０００名、海上自衛隊約４万３０００名、航空自衛隊約４万４０００名、事務官を含めて合計で約24万５０００人からなる大組織です。

違憲と主張し続けた社会党首班内閣が容認した自衛隊

憲法第九条の条文だけを読めば、戦力不保持と交戦権放棄を表明していることは明白です。戦後の国際情勢の変化の中で、自衛のための戦力は必要という現実があり、事実上の軍隊である自衛隊は存続・拡大してきました。自衛隊を違憲と主張し続けてきた旧社会党でさえ、自民党に担ぎ上げられ成立した社会党村山富市委員長を首班とする内閣では、自衛隊を容認しました。国家の主権と国民の生命・安全を守る責任ある立場の内閣総理大臣になった場合は、現実的政治判断として、自衛のための軍隊は必要と判断せざるを得なかったということです。

憲法第九条で表明している戦力不保持と交戦権放棄に対し、現実として必要な自衛のための戦力としての自衛隊の存在を合理的・論理的に説明するために政府や学識者は解釈論を展開してきました。

（二）憲法第九条条文の作成経緯

戦勝国・米国作成の憲法草案提示

敗戦後の日本に乗り込んできた連合国軍最高司令官総司令部（General Headquarters：GHQ）は米軍を主体としており、最高司令官のマッカーサー元帥が日本の占領政策の最高責任者でした。当初は、日本国側に戦争の一因ともなった大日本国憲法（明治憲法）の改正を命じますが、改正内容がマッカーサーの意図することから大きく離れており、憲法改正を急ぐ事情下、マッカーサー草案を提示するに至ります。

急ぐ背景は天皇制解体を主張するであろう共産主義国家のソ連や蒋介石総統が率いる中華民国を含んだ戦勝国で構成される極東委員会の発足が間近に迫っており、発足前に骨格を決めておく必要があったと考えられています。そのような背景でマッカーサー司令官の指示が出されてから、短期間（6日間や9日間という説がある）にGHQ民生局により、草案が作成されました。

マッカーサー元帥からの戦力不保持と交戦権放棄の指示

米軍は太平洋戦争における日本軍との血みどろの戦いの中で多くの戦傷者を出し、国家のため、天皇のためには、自己犠牲を厭（いと）わない神風特攻隊・人間魚雷・全滅覚悟の玉砕突撃を受け、米国人に理解不可能な日本人の精神構造に不気味さを感じたのは当然だと思います。このような国を再び戦争ができないように変えることを強く意識するのは当然です。

マッカーサー司令官が草案作成指示の際に部下に渡したメモに戦力不保持と交戦権放棄が明記され、その指示に従い、現行憲法の第九条草案が作成されました。第九条の二項に「前項の目的を達するための」を挿入しない草案は「陸海空軍その他の戦力は、これを保持しない。国の交戦権はこれを認めない。」となります。このままの条文では、領土や国民の生命・財産・自由を守る自衛の戦争もできないあまりにも理不尽で不合理な憲法になると危機感をもった芦田均議員が必死の覚悟で挿入し、英訳にも工夫を凝らし、最高司令部の了解を取り付けたのが実状です（『日本国憲法の成立経緯』〈西 修・海竜社〉）。

（三）初期の憲法第九条政府解釈（芦田修正案）

最初の政府の解釈論は日本国憲法の原案を審議した第90回帝国議会で芦田均衆議院議員が提案した芦田修正案に基づくものでした。

憲法第九条の条文を記載します。

（一）日本国民は、正義と秩序を基調とする国際平和を誠実に希求し、国権の発動たる戦争と、武力による威嚇又は武力の行使は、国際紛争を解決する手段としては、永久にこれを放棄する。

（二）前項の目的を達するため、陸海空軍その他の戦力は、これを保持しない。国の交戦権は、これを認めない。

一項で言及している武力行使は他国に対する侵略行為の場合のみと考え、二項冒頭の「前項の目的を達するため」という文言を挿入することにより、二項での戦力不保持と交戦権放棄は、他国に対する武力侵略の場合に限定されると解釈するものです。すなわち、二項の戦力不保持と交戦権放棄は他国への侵略的武力行使の場合に限定されており、他国からの侵略を受けた場合の自衛のための戦力保有や交戦権保持は認められるとの含みを残しているとの解釈です。芦田議員が「前項の目的を達するため」という文言を追加したのは、自衛のための戦力保有は認められるとの解釈ができるように意図した結果であることが日本国憲法審議時の経緯から判断できるとの解釈です。

（四）２０１４年閣議決定見解（九条・前文・十三条融合解釈）

憲法第九条だけの解釈で自衛隊は合憲であるとするのは無理と判断し、政府は２０１４年７月１日閣議決定「国の存立を全うし、国民を守るための切れ目のない安全保障法制の整備について」で次の見解を示しました。

憲法第九条はその文言からすると、国際関係における「武力の行使」を一切禁じているように見えるが、憲法前文で確認している「国民の平和的生存権」や憲法第十三条が「生命、自由及び幸福追求に対する国民の権利」は国政の上で最大の尊重を必要とする旨定めている趣旨を踏まえて考えると、憲法第九条が、我が国が自国の平和と安全を維持し、その存立を全うするために必要な自衛の措置を禁じているとは到底解されない。一方、この自衛の措置は、あくまで外国の武力攻撃によって国民の生命、自由及び幸福追求の権利が根底から覆されるという急迫、不正の事態に対処し、国民のこれらの権利を守るためのやむを得ない措置として初めて容認されるものであり、そのための必要最小限度の「武力行使」は容認される。これが、憲法第九条の下で例外的に許容される「武力の行使」について、従来から政府が一貫して表明してきた見解の根幹であり、いわば基本的な論理であり、昭和四十七年十月十四日に参議院決算委員会に対し政府から提出された資料「集団的自衛権と憲法の関係に」明確に示されているところである。この基本的な論理は、憲法第九条の下では今後とも維持されなければならない。

憲法第九条に憲法の前文と第十三条とが意図する内容を総合的に融和させて、自衛隊の存在と自衛権の行使を合憲と解釈するものです。

前文は長いので、関連する部分だけを抜き出します。

われらは、全世界の国民が、ひとしく恐怖と欠乏から免がれ、平和のうちに生存する権利を有することを確認する。

第十三条は次のように記載されています。

すべて国民は、個人として尊重される。生命、自由及び幸福追求に対する国民の権利については、公共の福祉に反しない限り、立法その他の国政の上で、最大の尊重を必要とする。

（五）憲法学者による国際法照合解釈

第二次世界大戦以前の国際法

19世紀の国際法では、主権国家が他の主権国家に対して武力行使をすること自体は違法ではありませんでした。奇襲攻撃・捕虜の虐待・民間人の虐殺等は国際法違反とされていましたが、宣戦布告の手続きを踏み、武力行使をすること自体は適法とされていました。20世紀に入り、1919年の国際連盟規約や1928年のパリ不戦条約など武力行使を禁止する条約がいくつも結ばれましたが、軍国主義・全体主義国家のドイツ・日本等の台頭で第二次世界大戦が起こり、多大な災禍を経験しました。

国際連合憲章の制定

第二次世界大戦後、国際連合が結成され、武力行使禁止を原則とする国際連合憲章が制定されました。国際連合憲章二条四項には次のように記載されています。

すべての加盟国は、その国際関係において、武力による威嚇または武力の行使、いかなる国の領土保全又は政治的独立に対するものも、また、国際連合の目的と両立しない他のいかなる方法によるものも慎まなければならない。

もし、他国を侵略する国家が現れた場合は、国際社会が結束し戦うために、国連の安全保障理事会には侵略を排除するに必要な武力行使を認める決議を出す権限が与えられています。現実的には、この決議が出るまでの間、または各国の思惑の違いにより武力行使容認決議案が出ない場合は、侵略を受けた国の自衛権が認められています。

この自衛権は侵略を受けた国家単独による個別的自衛権と侵略を受けた国家からの要請を受けた他の国家との集団的自衛権の両方が認められています。自衛権の行使にあたっては「必要性」と「均衡性」が認められる範囲で実行することが求められています。「必要性」とは被侵略国への武力攻撃を防ぐために必要な範囲であり、「均衡性」とは被侵略国が受けた攻撃と比べ過剰な武力行使は認められないというものです。

この国連憲章は国連に加盟する主権国家に適用されるもので、日本も当然、個別的であれ集団的であれ、自衛権は保有しているとの解釈です。ただし、集団的自衛権については、国連憲章で認められているからといって、行使しなければならない義務はなく、憲法第九条の理念に照らし違憲であると判断する学者もいます。

多くの国民が必要と認めている自衛隊を合憲とするために、第九条・前文・第十三条を組み合わせた日本国憲法全体の総合的解釈を用いたり、国連憲章で世界の基準として認められている国家の生存権としての自衛権を借用したりしているのが実状です。第九条の内容は、きわめて曖昧で多義的に解釈でき、国の法体系の最上位である憲法としての体を成していないことは残念ながら認めざるを得ません。法律文書は誰が読んでも明確に一義的に解釈できることが基本的で重要な要件です。

(六) 自衛隊海外派遣の拡大

対イラク多国籍軍派遣（1990年）における日本の対応

憲法第九条と他の条項を総合的に判断し、自衛隊の存在と自衛権行使までを合憲とする限定的解釈が次第に変化し始めます。1990年に起きたイラクによるクウェート侵攻に対し、国連安全保障理事会の武力容認決議に基づき結成された米国を中心とする多国籍軍が派遣され、クウェートを解放しました。国連安全保障理事会の武力容認決議に基づく派兵であっても、日本は第九条があり、海外派兵はできないとし、代わりに130億ドル（日本円換算約1兆7000億円）もの巨額を拠出しました。米国の戦費611億ドルには及びませんが、同じく派兵に応じなかったドイツの拠出金70億ドルに比較し大きな金額で、湾岸諸国の石油に依存している日本の状況と日米安全保障に依存している米国への配慮が重なり、このような多額の負担に応じたものと思われます。しかしながら、増税までして捻出したこの巨額の資金提供も自国民の命のみを大切にし、他国民の命をお金で支払ったとも言われ、冷ややかな国際評価を受けました。

対イラク有志連合軍派遣（２００３年）における日本の対応

２００３年に発生した大量破壊兵器所有の嫌疑を根拠とするイラク戦争では、国連安全保障理事会の決議を得られず、米国を主体とする有志連合としての多国籍軍が派遣されました。このときも当時の小泉首相は米国への配慮から、多国籍軍派兵を理解し支持することを表明しましたが、憲法第九条により派兵には応ぜず、資金拠出も実施しませんでした。代替措置として、イラク政府に対する約７１００億円もの債権放棄という形で支援しました。

このようなお金で解決する姿勢が国際批判を受け、日本は本格的戦闘行為が終了した7月に「イラクにおける人道復興支援活動及び安全確保支援活動の実施に関する特別措置法」（通称イラク特措法）を成立させました。この法律の成立により、陸上自衛隊はイラクの復興支援を目的に、治安が比較的良いとされるイラク南部の都市サマーワに宿泊地を設け、給水・医療支援、学校や道路の補修を２００４年４月から２００６年７月末まで実施しています。航空自衛隊は輸送活動を任務に２００４年１月から２００８年12月の５年間にわたり滞在し、陸上自衛隊が撤収後は、国連や多国籍軍の物資や兵員の輸送に従事しました。多国籍軍の兵員輸送に対する違憲訴訟が起きて国側は勝訴したものの、イラク特措法で許可されていない「戦闘地域での活動」としての「多国籍軍の輸送」は、他国による武力行使と一体化した活動で自らも武力の行使を行なったとの評価を受けざるを得ず、武力行使を禁じたイラク特措法に違反し、日本国憲法第九条に違反する活動を含んでいるとする問題点を指摘されています。

国連平和維持活動への参加

日本が経済大国となり国際的貢献活動が要請される国際状況の中で、武力行使を必要としない海外非戦闘地域に民間人や自衛隊員を派遣可能とするために、１９９２年に新たな法律、国際平和協力法（ＰＫＯ法）が制定されました。同年にアフリカのアンゴラでの国会議員および大統領選挙に協力するために、選挙監視員として公務員２名と民間人１名を派遣しました。国連平和維持活動は世界各地における紛争の解決のために国連が行なう活動です。日本の当初の活動としては、平和維持隊（各国部隊で編成）による停戦監視・兵力引き離しおよび停戦監視団（原則として非武装の軍人）による停戦監視でしたが、その後、文民警察活動・選挙監視・

復興や開発支援・組織や制度の構築等へと拡大しています。

日本はアンゴラ以降、カンボジア・モザンビーク・エルサルバドル・ゴラン高原・東ティモール・ネパール・スーダン・ハイチ・南スーダンへの国連平和維持活動に参加しており、派遣人員は合計で約９０００人に達します。カンボジア国際平和協力業務での例では、停戦監視要員として16名の自衛官、選挙監視要員として41名（公務員18名と民間人23名）、文民警察要員として75名、施設部隊要員として自衛隊員１２００名が派遣されています。また、ハイチ国際平和協力活動では、地震復興の支援のために自衛隊施設部隊３５０名を派遣しています。

日本は直接に戦闘に巻き込まれないように停戦監視活動参加の場合でも、司令部勤務、後方支援での物資輸送を担当していますが、政治状況や治安状況が不安定ななかでの業務ですので、これらの活動のなかで３名の方の尊い命が失われています。

（七）２０１５年安倍政権による平和安全法制制定

安倍第二次政権下、一本の新法と十本の改正法で構成される平和安全法制が、憲法第九条の従来の解釈から逸脱した違憲法案とする多くの野党の反対のなか、２０１５年に成立しました。

この平和安保法制の中でとくに議論を呼んだのは、存立危機事態における集団的自衛権発動の容認です。政府は自衛隊の創設以来、自衛権は個別的の範囲に限定し、集団的自衛権の発動は禁止する方針を維持してきましたが、平和安全法制により初めて集団的自衛権の発動を容認する姿勢に変更しました。

「存立危機事態」とは、「我が国と密接な関係にある他国に対する武力攻撃が発生し、これにより我が国の存立が脅かされ、国民の生命・自由及び幸福追求の権利が根底から覆される明白な危険がある事態」をいいます。具体的事例としては、公海上でわが国防衛のため米軍と共同訓練中に米艦船が攻撃を受けた場合、周辺有事で自衛隊の艦船とともに行動している米艦船がミサイル攻撃を受けた場合、戦闘作戦行動中の一環として敷設された機雷除去の場合等が想定されています。

この集団的自衛権の発動は、他国の戦争に巻き込まれる懸念があることから反対意見も少なくはなく、ある国会議員は戦争法案と呼び捨てました。

四　なぜ、憲法第九条改正がタブー視されてきたのか

戦後日本の特殊状況

村山政権誕生以前の社会党を含めた一部の政党・有識者・ジャーナリストを除き、自衛のための戦力としての自衛隊は現実的に考えると必要であるとの認識は、多数の人たちがもっていたにもかかわらず、自衛隊の存在に疑問を生じさせる第九条の改正に関する論議がなぜ、タブー視されてきたのでしょうか。

国民感情の面においては、多くの死傷者や国土の荒廃をもたらした太平洋戦争に対する痛切な嫌悪感があり、その反省のうえにできた戦力不保持や交戦権放棄を謳った第九条に手を入れることは、多くの国民の感情的反発を引き起こすと判断される状況が戦後、続いてきた結果といえます。

また、知識人レベルにおいては、大学では、戦前の体制に協力的だった人は追放または冷遇され、代わりに社会主義の思想や反権力的思考の進歩派学者が勢力を増し、作家等の文化人においても進歩派知識人が勢いを増す状況が戦後しばらく続いていました。学者や文化人の進歩派知識人と称される人たちは、平和主義を唱える一方、ソ連が進めようとしている世界各国の共産主義化を大義名分とする膨張政策に対しては、理解・共感・無警戒のいずれかでした。そ

の一方、日本が国家安全保障を依存している米国に対しては、帝国主義的と感じ、反米的感情をもっていました。

また、国際状況も米国とソ連との間で繰り広げられてきた東西冷戦のなかで、日本は自由主義国家として米国にとってアジアの重要なパートナーであり、社会主義国家のソ連からの脅威に対しては、米国が必ず守ってくれるという甘えを含んだ期待がありました。

戦後、継続してきた東西冷戦という国際状況と国民や知識人の戦争に対する強固な嫌悪感に対し、政権与党の自民党は九条改正を口に出すことは選挙上で得策でないと判断し、自衛隊の必要性を認める多くの国民の理解と支持を背景に、第九条解釈論で対応してきたのが実態です。

また、終戦からしばらくはアジア諸国で日本の軍事国家の復活を警戒する意識があり、第九条の改正を論議することは、アジア諸国からの反感や警戒心を呼び起こすことになるとの政治的判断もありました。

日本が直面している状況変化

ソ連の崩壊により東西冷戦は終了し、米国一強時代を迎えますが、世界最強の大国である米国といえども、世界中の軍事的均衡を保つ軍事費負担は重く、経済大国になった日本に対しては、自助努力による防衛力の増強、さらに米国の軍事パートナーとして、米軍への協力を求めてくるようになりました。

さらに、世界第二位の経済大国となり軍事力を急激に増強している中国の海外膨張政策に直面し、日本に対する軍事的脅威も大きくなるなかで、従来の米国軍事力に大きく依存する日本の防衛力に対する懸念も増大してきています。また、日本の戦後の武力不行使方針も世界に広く認められるなかで、経済復興を遂げ、経済先進国会議のアジア唯一のメンバー国という世界の主要国となった日本に対し、国連を中心とした国際平和活動構築に向けての積極的活動も求められるような状況になってきています。

このような状況を受けて、自衛隊の海外活動範囲拡大や個別的自衛権の枠を越えた集団的自衛権が課題となり、今までタブー視されてきた第九条の改正に真剣に向き合わなければならない事態になっているのが現在の日本が置かれている実状です。

第四章　改憲論議を進めるうえで確認したい前提条件

一　最高法規としての不完全さの是正

憲法は国家の法体系の最上位に位置づけられる文書規定です。法律文書は、多義的解釈や拡大解釈が許容されるような曖昧な表現があっては、判断の基準が不確かなものとなり、法体系の信頼性を失います。また、各条項間の不整合や必要な基本的要件が欠落していても、法律文書としては不適合と断定せざるを得ません。憲法は国家の法体系の最上位の文書ですので、各条項単独で曖昧さを排除した一義的解釈しかできないような厳密な文書であるべきです。

現行の日本国憲法の記述の不完全さの例として、本書「第二章 現行憲法に内在する欠陥」の中で、戦力不保持および交戦権放棄を謳った第九条、憲法改正に関する第九十六条、内閣総理大臣による衆議院の解散権の拠り所とされている第七条を紹介しました。また、基本的要件の規定が欠けている例として、第九条での戦力不保持・交戦権放棄という建前の関係上という理由はありますが、自衛のための戦力である自衛隊の指揮権・編成権・財政的承認に関する憲法上の条項は存在しません。さらに、最近、容認されるようになってきた国際平和維持活動で海外派遣された自衛隊員の戦闘行為上での犯罪を裁く機関やその判断基準も不明確です。現実的な対応として、憲法より下位の法律である自衛隊法や関連法案で対処しているのが実態です。

このほかにも、文書としての不完全さが随所に見られ、国家の法体系の最高法律文書である憲法の不完全さについては、すべての憲法学者を含めた学識者で否定できる人はおらず、万人が認めざるを得ない事実です。法による支配・立憲民主主義の根幹となる憲法は一義的解釈しかできない厳密さ、憲法として基本的で重要な事項の網羅は絶対的に必要な要件です。

二　憲法は原理・原則に限定し、方法論や詳細内容は法律で

憲法と法律との関係

憲法とは、人間の権利・自由を保障する基本的理念を表明するとともに、国家の統治に関する基本的規範を定めた法律文書です。憲法は、法体系の中の最上位の規範であることから、法律（国会）・政令（内閣）・省令（各省庁）・条例（地方自治体）制定において、憲法に違反する内容を規定しようとしても、憲法違反として制定できません。

憲法は原理原則を定めるもので、具体的方法論や詳細内容は法律・政令・省令・条例によって規定されています。

憲法と法律の関係を示す例として、生活保護を紹介します。憲法第二十五条一項で「すべて国民は、健康で文化的な最低限度の生活を営む権利を有する。」とし、個人の生活面での国家保障を義務づける基本的理念を表明しています。そして、法律としての「生活保護法」において、支給額の算出基準や支給方法等の具体的方法が規定されています。

第九条の憲法としての原理・原則とは

憲法改正論議の中心となっている第九条について、憲法は原理・原則、法律は具体的方法論や詳細な内容を規定するという考えを当てはめて考えてみるとどうなるでしょうか。第九条の改正については、各政党の党利党略が絡み、学識者・ジャーナリスト・国民それぞれの信条・思惑・懸念から種々さまざまな意見が出され、混迷を極めています。論点は戦力不保持の是非、交戦権放棄の是非、自衛隊の合憲違憲、自衛権の有無、専守防衛範囲、個別的自衛権と集団的自衛権の選択等です。この論点を原理原則論と具体的方法論に整理・分類して検討してみます。

武力行使については、国際連合憲章二条四項で「**すべての加盟国は、その国際関係において、武力による威嚇または武力の行使を、いかなる国の領土保全又は政治的独立に対するもの**

も、また、国際連合の目的と両立しない他のいかなる方法によるものも慎まなければならない。」

という「武力不行使原則」が国際法上の基本原則として確立しています。各政党・各学識者・各ジャーナリストの大多数は、自国の利益のための手段としての侵略的戦争・武力による威嚇を放棄する原理原則には反対できないと考えます。

国際連合憲章における「武力不行使原則」があっても、他国から武力侵略される可能性は存在し、その場合は国際連合の安全保障理事会が侵略を排除するために必要な武力行使を認める決議を出す権限を与えられています。武力侵略に対しては、国連を中心に団結して対抗し排除していくとの考えです。しかしながら、侵略を受けた直後の自己防衛のための自衛権行使は当然として、各国の思惑の違いから安保理決議が出ない場合に対しても自衛権行使は認められています。この自衛権は各政党・学識者・ジャーナリストの大多数も認めており、自衛のための必要最小限の戦力としての自衛隊保有も容認しています。自国の利益のための他国への武力行使放棄と自衛のための戦力としての自衛隊の存在については、各政党・大多数の学識者・ジャーナリスト・国民も憲法の基本的原理原則として明記することは賛成できると思います。

さらに、自衛隊という軍事組織を認めるわけですから、自衛隊組織の編成・指揮に関する責任者を明確にする必要があり、文民統制の観点から内閣総理大臣とすることにも異論はないかと思います。さらに言えば、自衛隊という戦力をもつわけですから、武力行使と自衛隊に関する財政を国民の代表である国会承認事項とする原理原則を憲法に記載することに大多数が賛成すると思います。

安全保障に関する憲法の原理原則として自国利益のための他国に対する武力行使放棄と自衛のための戦力である自衛隊保有、さらに自衛隊という事実上の軍隊をもつ以上、その統制機能としての文民統制・武力行使決議と財政処置に対する国会の承認を明記することは多くの人が認めるところと思います。

専守防衛の具体的内容は法律で対応

憲法第九条に関して、意見の分かれるところは、専守防衛の定義と自衛権の範囲であり、この問題はある意味では原理原則というより、手段や方法論のレベルと判断し、憲法でなく法律のレベルで対応していけばよいのではないかと考えます。

専守防衛の意味も意志の面と保有する軍備に分けて考えられると思います。意志としての専守防衛は自国の利益のための武力行使放棄を明記することで表明できます。保有する軍備については科学と技術の進歩により、武器の破壊力は巨大化し、技術力も驚異的進歩を遂げている状況で専守防衛の定義が困難になっています。以前の戦争では、相手国を侵略するには、陸・海・空とも一定の準備期間を要していましたが、武器の進歩により一瞬にして大きな被害が出る攻撃が可能となってきています。

ミサイル攻撃に対し、発射されてからの迎撃では、すべてのミサイルを絶対に撃ち落とせる保証はありません。したがって、ミサイル発射準備の兆候を検知しての先制攻撃も専守防衛の範囲に入ると考えられ、さらに発射準備の解釈も変わりうることを考え合わせると、武器使用上の専守防衛の範囲は、技術の進歩に関連する具体的で詳細な方法論であり、原理原則を規定する憲法の内容には相応しくなく、というより、法律以下の規定で技術の進歩に合わせて決めていくのが現実的内容だと判断されます。

個別的自衛権で対応できた背景

自衛権については、国際連合憲章では、個別的自衛権も集団的自衛権両方とも認められています。日本は第二次世界大戦でアジア諸国に多大な災禍をもたらし、自国でも多くの戦傷者と国土の荒廃を経験しています。このような経緯から、戦争に対する嫌悪感・警戒心・反省の気持ち等が混じった日本独特の国家安全保障に対する国全体を包む空気があります。さらに憲法第九条の戦力不保持と交戦権放棄原則との関係で、自衛隊合憲・違憲論争があり、現実的対応としての必要性から、他の条項と総合的に融合させる憲法解釈や国際法の助けを借り、自衛隊を容認する国民的合意を形成してきました。

戦力としての自衛隊容認を認める根拠は、自衛権はどの国も当然、保有するとの認識に基づくものですが、時代の進展とともに自衛権の範囲として、単独での個別的自衛権までなのか、他国との連携・同盟関係を結んだ集団的自衛権までなのかの議論が焦点になってきました。日本が戦後から国家安全保障の基軸としてきたのは日米安全保障体制であり、厳密に考えると集団的自衛権で対応してきたことは事実です。ただ、日米安全保障条約の実態が特殊であり、他国からの武力攻撃に対する抑止力として巨大な米国の戦力を利用してきた一方、日本の軍事的協力は日本側からの米軍基地用地の提供だけで、米軍が攻撃を受けた場合の自衛隊戦力参加は要求されていませんでした。自衛隊の米軍援助参加が要請されてこなかったのは、憲法第九条の存在、自衛隊の戦力の低さ、日本が再び軍国国家復帰することに対する警戒心、他国軍の援助を必要としない巨大な米軍軍事能力が、その背景としてありました。

自衛権拡大（個別的から集団的へ）の危険性と必要性

時代の変遷とともに、自衛隊の軍事能力も向上し、米国の軍事費負担の軽減の必要性も出て来るなかで、日本も一方的に米軍の戦力に依存するだけでなく、米国が攻撃された場合は、集団安全保障を締結している相手国として、自衛隊が軍事的協力をするのは当然だという考えが出てきました。米国は、戦後も朝鮮戦争・ベトナム戦争・イラクのクウェート侵攻に対する湾岸戦争・米国での同時多発テロ事件を発端としたアフガニスタン侵攻・大量破壊兵器保有の嫌疑でのイラク戦争と、世界の中でも戦争を数多く繰り返した国家です。米国は世界中の国や地域に利権や権益をもち、自由・民主主義の大義名分を掲げ、対立する国も多く、リビアのカダフィ独裁政権下のリビア攻撃、南米諸国への派兵、イランとの対立、北朝鮮との対立も引き起こしています。このような米国との集団安全保障は米国の戦争に巻き込まれるとの懸念を抱かせる原因となっています。現在の集団安全保障は米国との1カ国だけですが、軍事的脅威を増大させている中国と米国一国に頼る集団安全保障体制の不確かさを念頭におくと、今後は米国だけとの集団安全保障体制から、インド・オーストラリア・東南アジア諸国・欧州諸国等との集団安全保障体制も視野に入れる必要が増しています。

自衛権の範囲（個別的に限定か、集団的まで拡大か）は法律で対応

個別的自衛権までがよいのか、集団的自衛権まで含めたほうがよいのかは流動する国際情勢を判断しながら、選択していく方法論であり、憲法のレベルでなく、法律のレベルで対応していくほうが現実的と思われます。改正のハードルが高く簡単に変えられる性格のものではない憲法では、原理原則を規定し、法律はそのときの国民の信託を受けた政権政党が状況に対応した手段を規定するとの分類をしていけばよかろうと思います。憲法第九条に関する原理・原則

として「自国利益のための武力による威嚇や侵略は放棄する」と「自国の領土や国民の安全・生命・財産・自由を守るための自衛的戦力は保持する」の2点を憲法に明記することには、政党・有識者・ジャーナリスト・国民の大多数が異論なく、容認できると思います。多くの政党や国民の賛成を得られやすく原理・原則は憲法で対応し、党利党略に結びつきやすい具体的方法論や手段は法律で対応すべきかと考えます。

三 憲法の目的は国家権力の横暴と国民の集団暴走の抑止

国家権力を統制するための立憲的改正

第二次安倍政権による憲法違反の疑いのある法案の強行採決や強引な国会運営に対し、立憲民主党は憲法による国家権力の横暴・専制を抑止する立場からの立憲的改憲を主張しています。立憲民主党憲法審査会事務局長（2018年当時）の山尾志桜里衆議院議員は対論集『立憲的改憲』（ちくま新書）の中で、憲法の機能について、次のように述べています。

私にとって、憲法とは「誰もが自分ひとりでは生きられない世の中で、誰もが自分らしく生きていくために、社会（＝世の中）の統治機構と個人（＝自分らしく生きる一人ひとり）の人権保障を定めた規範」だと考えています。

人権保障のためには統治機構が必要であり統治機構を動かすためには一定の国家権力が必要です。しかし、国家権力が暴走して人権を脅かすという本末転倒の事態は往々にして起こることから、人権享有主体である国民が国家権力を統制する規範を持つ。これが憲法の本質的役割なのだろうと思っています。

山尾議員が憲法違反の法案強行採決と指摘しているのは、２０１５年の平和安全法制制定のことです。平和安全法制成立により、第九条により許容されるのは個別的自衛権までという従来の解釈を逸脱し、集団的自衛権までを容認することになったことに対し、憲法が国家権力を統制できなかったと捉えています。これは、第九条条文の曖昧さに起因するものとし、その観点から憲法改正の必要性を指摘しています。

憲法違反の強引な国会運営と指摘しているのは、野党の臨時国会召集要求の引き延ばしと総理大臣の専管事項とされている衆議院の解散です。２０１７年秋、野党側の臨時国会召集要求を98日間、放置し、国会召集と同時に「北朝鮮からのミサイルの脅威」を大義名分とした衆議院の解散を総理大臣の専管事項として実施しました。臨時国会の召集は憲法第五十三条に次のように規定されています。

第五十三条
内閣は、国会の臨時会の招集を決定することができる。いずれかの議院の総議員の四分の一以上の要求があれば、内閣は、その召集を決定しなければならない。

内閣が臨時国会召集を先延ばしできたのは、五十三条に何日以内に臨時国会を召集しなければならないのかを規定していないからです。この問題も現行憲法がもつ法律文書としての曖昧さが原因となっています。

総理大臣の専管事項とされている無条件の衆議院解散権についての詳細は、本書「第二章四　総理大臣専管事項・衆議院解散権の驚くべき根拠」で述べましたが、解散権の根拠は憲法第五章「内閣」に記載されておらず、憲法第一章「天皇」の国事行為の中の間接的表現に置かれています。

山尾議員は、現行憲法は多義的解釈や拡大解釈が可能な曖昧さや期限等の基本的要件の欠落があり、このような憲法では国家権力の統制はできないとの考えから、憲法改正の必要性を主張しています。

憲法の目的は国家権力の統制と国民の集団暴走の抑止

本書「第一章 三 世界の憲法制定の経緯と目的」で紹介したように、世界の初期の憲法である英国憲法・米国憲法・フランス憲法の成立経緯や目的は、絶対権力者としての国王の横暴を防ぎ、国民の自由・財産を守るために、選挙を通じての国民主権を確立し、国王の権限を制限するためのものでした。

民主主義政治体制が定着した国家における権力者は、国民自身が選挙で選んだ国民の代表です。国民の委託を受けて政治権力を付託された行政の権力者は、選挙による民意を受けていま す。権力者の横暴や専横には、行政・立法・司法の三権分立と国民の選挙による審判により、制限や抑制を受ける仕組みはあります。しかしながら、戦前の日本やドイツにも不完全ながらも選挙制度や民主主義政治はありましたが、時の権力者や支配層の暴走により、他国への武力侵略を行ない、戦争を行なったという歴史的事実は厳然としてあります。戦前の日本やドイツにおいて、三権分立や選挙によって権力者の暴走を抑止できなかったことは政治制度の不完全性だけに責任を帰すのでなく、国民全体も支持し、協力していったことも原因であるという事実も見逃がせないことかと思います。国民が政治的スローガンに扇動され、感情的になり、自分たちの直接的・短期的・短絡的利益に惑わされ、全体として、誤った道に陥る可能性も否定できません。その意味において、民主主義が定着した国家においても、権力者の横暴を抑制するとともに、国民自身の集団的暴走を押さえる役目も憲法にあります。

政治権力は国民が油断し妥協すると、腐敗し暴走する可能性が常にあります。憲法は、政府の行き過ぎた違憲行為を憲法に照らし、判断し、抑制すべきという役目をもっています。さらに、ときには政治的スローガンに扇動された国民がそのときの時代状況のなかで誤った選択を防ぐ役目ももっているのです。

民主主義と立憲主義との対立

樋口陽一東京大学・東北大学名誉教授と小林節慶応大学名誉教授の共著『「憲法改正」の真実』（集英社新書）の中で、両氏は次のように述べています。

樋口　（前略）しかし、戦後、新しい憲法によって天皇主権から国民主権となりました。国民が主権者であるということは、国家権力を構成しているのは「国民の意思」です。こうした国民主権のもとでの立憲主義となると、主権者たる国民が決めたものをなぜ憲法によって制限する必要があるのか、という疑問が出てしまう。

小林　そういう屁理屈をいう論者は今もいますね。国民主権の時代なのだから、国民が国民を縛る立憲主義などいらないじゃないかと。他ならぬ安倍首相自身が、憲法は国家権力を縛るものだとう考え方は、かつて王権が絶対的権力をもっていた時代の主流的な考え方である。今の時代には絶対的なものではないという自説を示していますね。（2014年2月3日衆議院予算委員会）

樋口　ところが、戦後になると、議員たちの意識が変化します。主権者たる国民に選ばれた我々が一番偉いのだという認識になり、立憲主義という言葉が形骸化してしまった。その実際は、小林先生がさっき教えてくださったとおりです。ここで大事なポイントが出てきます。主権者である国民に選ばれた国会議員なのだから、国会議員を制限するものは何もない、というロジックが教えるのは、民主主義が立憲主義を破壊するのに使われる危険がある、ということです。

（中略）その「立憲」のロジック、つまり「法の支配」を貫徹すれば、人民が多数決で決めたことを否定するような場合もある。

つまり、選挙で選ばれた議員たちは、民主主義に基づく権力を握っています。その権力まで憲法が制限するのかどうか、という大きな問いも出てきてしまう。民主主義と立憲主義は、同じ方向を向いているときもあれば、ぶつかってしまうときもあるのです。

小林　先ほどの立憲主義は時代遅れだという安倍首相の発言は、人民に選ばれた俺たちを優先しろ、ということでしょう。民主主義で選ばれた我々を、憲法で制限するのはおかしい。立憲主義など、民主主義のもとでは価値がない、と言わんばかりですから。

小林　多数派だったらなんでもできるという絶対民主主義は、非常に危ない。民主的な決定プロセスはもちろん大事ですが、そのプロセスを経たとしても、たとえば憲法に書かれた人権を踏みにじるような結果にならないとも限らない。そこに歯止めをかけるのが立憲主義です。

樋口　さらに問題なのは、安倍首相の態度や発言、行動が一貫していないことです。民主主義をもち上げた後、国会をも徹底的に軽視し、民主主義の破壊を行なっている。

以上の話の中で、樋口陽一名誉教授および小林節名誉教授が問題であると指摘している点は、国民に選ばれた国会議員と内閣による民主主義政治が、多数決の横暴により立憲主義を破壊していることです。

立憲主義が多数決民主主義により破壊されていると両教授が指摘しているのは第二次安倍政権の政策・立法措置・国会運営に起因していることは明白です。

立憲主義が破壊されていると指摘される事例とその原因

両教授が立憲主義が破壊されたと痛切に感じた最大の事例は、２０１５年に成立した平和安全法制です。樋口陽一東京大学・東北大学名誉教授と小林節慶應義塾大学名誉教授の共著『「憲法改正」の真実』（集英社新書）で、小林節名誉教授は次のように語っています。

小林　さっそく具体的な議論に入りたいと思います。日本の社会は憲法という最高法規が踏みにじられ、「無法」と言ってもいいような状況に突入しております。憲法九条を無視した安保法制を立法したばかりではありません。たとえば、安保法制が可決され国会が閉会した後、臨時国会開会の請求が野党からあったにもかかわらず、自民党はこれを無視しました。これも憲法第五十三条を破る行為です。与党・自民党は憲法に違反するということに、もはやなんの躊躇もないようです。異常としか言いようのない状況です。そのうえ、彼らはその憲法の改正まで視野に入れている。

それでは、両名誉教授が指摘する立憲主義が破壊されたとする憲法違反である平和安全法制を制定することがなぜ可能だったのでしょうか。その主因は憲法第九条の条文の曖昧さという法律としての致命的欠陥です。さらに違憲ではないかと指摘を受けながら、解釈論で自衛隊の存在を容認し、解釈の拡大を許容してきた過去の歴史も原因といえるかと思います。

憲法違反の国会軽視であると非難している野党からの臨時国会召集要求の無視や総理大臣の専管事項と称する無条件の衆議院解散についても、そのような国会運営を明確に憲法違反と断定できない憲法の曖昧さに起因しています。いずれの問題も詳細は本書「第五章 二（五）第二次安倍政権に対する不信感」で紹介していますが、臨時国会召集の件は、関連条項第五十三条に何日以内と規定していないことに起因し、衆議院解散は第一章「天皇」の国事行為の中の間接的表現に起因しています。立憲主義の破壊と非難するより、憲法違反と断定できない現行憲法の法律文書としての欠陥を問題視し、そのような観点からも憲法改正を主張するほうが憲法学者として筋が通っているように思います。

真の立憲主義を確立するための憲法と法律の役割の明確化

国民の選挙で選ばれた国会議員の多数決による議決と議院内閣制で選ばれた政権の政策は民意を代表すると考える立場が民主主義です。それでは、立憲主義と民主主義の対立が起きた場合にどうするべきなのかという疑問が出てきます。この疑問を解決する方法として、憲法と法律の意味や役割を考えていけばよかろうかと思います。憲法は国家の法規範の最上位に位置し、その改正発議にあたっても国会議員の三分の二以上の賛成を必要とし、さらに国民投票の過半数により賛否を問うというハードルの高さがあります。国家統治の基本である国民主権・三権分立・議院内閣制等と普遍的理念である基本的人権の尊重・各種の自由・安全・生命・財産の保障等の基本的・最重要なことをそのときの政治権力の都合によって容易に変えられないように憲法改正のハードルを高くしています。一方、法律は国会の多数決により、立法化や廃案ができ、そのときの民意を反映したものです。

憲法と法律のもつそれぞれの意味と役割を考え、憲法に記載すべきことか法律に記載することなのか、明確な判断基準をもつことが大事です。憲法は長い時間のなかでも容易に変化しない基本的・普遍的なことを記載し、法律はそのときの状況によって変わり得る手段・方法論に区分けする考えが重要だと考えられます。

自衛権に関する憲法と法律の役割分担

この考え方を憲法第九条に当てはめて考えてみたいと思います。

憲法第九条で明確にすべき普遍的理念は、①武力による他国侵略はいかなる理由があっても行なわないことと、②国家の主権・領土や国民の生命・基本的人権・財産を守るためには自衛権を保有するという国連憲章で国際規範として広く認められている二原則だけで十分です。この二原則については、政党・有識者・ジャーナリスト・国民の大多数が認め、反対する人は少数だと思います。それは、誰もが認めざるを得ない普遍的理念だからです。この案の趣旨にそって、第九条改正案を作成すれば、まとまる可能性は大いにあろうかと思います。

このような原則が明記されていれば、仮に自国の利益のための武力行使の法律が出されても、普遍的理念の一項により、憲法違反と明確に判断され、国会の多数決による民主主義より立憲主義が優先され、廃棄されることになります。憲法違反の審判にあたって、現行の司法制度が問題であれば、憲法改正の中で憲法裁判所の設置を議論していけばよいと思います。

憲法第九条の議論において、自衛権は個別的自衛権までを限度とし、集団的自衛権を認めてはいけないと主張する政党・政治家がいます。これは普遍的理念や価値観ではなく、単に手段としての方法論だと思われます。手段としての方法論は状況により変わり得るものであり、憲法で規定するのはふさわしくなく、法律でその時々にその適切さを審議し、対応していけばすむ問題だと考えます。個別的自衛権か集団的自衛権までなのかは手段としての方法論的性格であり、憲法の内容にそぐわないと思われます。集団的自衛権の話となると日米安全保障体制の話に結びつけ、米国の戦争に巻き込まれるとの懸念を示す人もいます。集団安全保障による集団的自衛権は米国に限らず、今後は、オーストラリア・インド・東南アジア諸国・欧州連合ともあり得る話であり、特定の状況下での特定の内容の方法論は憲法で規定することは将来の選択肢を狭める話です。

その時々の変化する社会状況や世界情勢を反映しての課題に対応することはそのときの国民が選んだ国会の法律策定で対応し、憲法は具体的対応策については立ち入らないようにすべきです。

民主主義と立憲主義のバランス

現在（令和元年）は自民党が国会で多数派を占めており、多数決の原理により、野党の反対があっても、最後は法律を制定したり、予算を決めたりすることができます。法律が仮に基本的人権を侵害する内容であれば、憲法違反として国会の多数決という民主主義より、立憲主義が優先し、廃棄できます。予算が仮に憲法で禁止されている特定の組織や集団に関連するものであれば、国会の多数決という民主主義より、憲法違反という立憲主義が優先することになります。立憲主義を機能させるために、国家統治の基本である国民主権・三権分立・議院内閣制等と普遍的理念である基本的人権の尊重・各種の自由・安全・生命・財産の保障等の基本的・最重要なことを論議し、憲法に明確に書き込むことが憲法改正のなかで重要です。憲法に明確に規定された国家権力統制・国家統治原則・個人を守る普遍的理念に従うことが立憲主義であり、憲法に違反しないことは国民の選挙により選ばれた国会議員による多数決民主主義で決定していくことにすれば、立憲主義と民主主義の対立は解消できると考えます。もし、立憲主義と民主主義の対立があるとすれば、それは憲法の内容が曖昧で解釈の余地があるという憲法の法律文書としての欠陥だと思います。憲法の内容において、時代の変化に対応した新たな明確さが必要になれば、そのときは該当項目の憲法改正を行なっていくことだと思います。

第五章　憲法第九条についての論点を整理し、評価してみる

一　自民党の改憲案

自民党結党以来の改正草案

自民党は結党以来、現行憲法の自主的改正をめざし、「憲法改正大綱草案」（昭和47年）・「日本国憲法総括中間報告」（昭和57年）・「新憲法草案」（平成17年）・「日本国憲法改正草案」（平成24年）などの試案を公表しています。

平成24年作成の日本国憲法改正草案に対しては、憲法学者を含めた学識者・ジャーナリスト・政治家から、多くの反対・疑問・異論が出されました。草案の前文については、「長い歴史と固有の文化」・「天皇を戴く国家」・「国と郷土を誇りと気概を持って」・「和を尊び」・「家族や社会全体が」・「美しい国土」・「良き伝統」の言葉が入り、戦前の日本を懐古する復古主義だと警戒心をもって非難を浴びました。

このほかにも、個人の尊重を希薄化させる一方、家族という概念を強調し、個人の権利や自

由に対する制限を付け、さらに国民に対する義務を追加し、道徳観を押しつけているなど、多くの非難・批判を受けました。

自民党の四つの憲法改正優先項目

安倍首相の自政権での憲法改正実現の意向を受け、党憲法改正推進本部は2018年3月に、憲法改正の4つの優先項目を発表しました。

4つの優先項目は、①安全保障に関わる「自衛隊」、②統治機構のあり方に関する「緊急事態」、③一票の格差と地域の民意反映が問われる「合区解消・地方公共団体」、④国家百年の計たる「教育充実」です。

自民党憲法改正推進本部があわせて発表した「現行憲法下における自衛隊の位置付け」と「憲法改正の必要性」は次の内容です。

現行憲法下における自衛隊の位置付け

九条二項は、「戦力の不保持」と「交戦権の否認」を規定し、「徹底した平和主義」を志向するものであり、日本国憲法の大きな特徴の一つであると言われてきた。この条項の下、憲法制定当初は国連による平和の実現やわが国の安全の確保が想定されていたが、冷戦による国連の機能不全という現実に直面したわが国は、この「徹底した平和主義」の下で現実的な対応として、①国防の分野では、「専守防衛」の枠内で自衛隊を創設し、国と国民の安全を守るための諸法制を着実に整備するとともに、②国際貢献の分野においても、憲法の枠内で武力行使を伴わない支援活動に自衛隊を活用することにより、特に近年積極的に責任を果たしてきた。

憲法改正の必要性

このような自衛隊の諸活動は、現在、多くの国民の支持を得ている。他方、自衛隊については、①合憲と言う憲法学者は少なく、②中学校の大半の教科書は（7社中6社）が違憲論に触れており、③国家に議席を持つ政党の中には自衛隊を違憲と主張するものもある。そのために、憲法改正により自衛隊を憲法に位置付け、「自衛隊違憲論」は解消すべきである。

そして、現行の九条一項・二項はそのまま残し、「自衛隊」を明記するとともに、「自衛の措置（自衛権）」について言及すべきとの観点から九条の二項として、新たに次の内容を追加する案（たたき台素案）を提示しました。

憲法第九条の二

前条の規定は、わが国の平和と独立を守り、国及び国民の安全を保つために必要な自衛の措置をとることを妨げず、そのための実力組織として、法律の定めるところにより、内閣の首長たる内閣総理大臣を最高の指揮監督者とする自衛隊を保持する。

②自衛隊の行動は、法律の定めるところにより、国会の承認その他の統制に服する。

安倍首相が憲法第九条の内容はそのまま維持し、自衛隊明記を追加する折衷案を自民党に一つの案として検討させた背景として、第九条条文の変更では与党の公明党からの協力を得られず、第九条改正発議に向けての国会提案ができないと判断したものと考えられます。国の領土や国民の安全・財産・自由を守るために命をかけて戦う使命がある自衛隊員に対し、違憲の疑念がある状態では、国として肩身が狭く、かつ、自衛隊員の士気やモラルに悪い影響があるとの思いも安倍首相は表明しています。

この自民党の素案に対し、後述するように、野党・有識者・ジャーナリストから危惧・懸念・反対の意見が出されています。

また、自民党の一部の議員からも陸海空その他の戦力を保持しないとしている第九条をそのまま残し、明らかに軍隊である自衛隊明記を追加する自民党素案は他党対策の妥協の産物でわかりにくいとし、正々堂々と議論し、誰が見ても同じ理解となる論理性のある明確な内容の条文を創案したうえで国民に提示し、信を問うべきだとの意見も出されています。

二「自衛隊の明記」に反対する人たちの思想と背景

護憲派と称される有識者・ジャーナリスト・政治家が各専門的立場・政治的立場や信念から、どのような考え方をし、「自衛隊の明記」に反対または慎重な姿勢をとっているのか、一市民である私には興味があります。有識者・ジャーナリスト・政治家たちの考え方に対する共感・疑問・違和感・反論を試みたいと思います。改憲問題については多くの著作物が出版されており、その著作の中で展開されている各人の見解を紹介し、私なりの解釈と共感・疑問・違和感・反論を記述します。

（一）戦前の日本の軍国主義・全体主義国家復活に対する警戒心

戦前の軍部復活を想起させる憲法改正

東京外国語大学の西谷修名誉教授は『「改憲」の論点』（木村草太・青井未帆・柳澤協二・中野晃一・西谷修・山口二郎・杉田敦・石川健治：共著、集英社新書）の中で次のように述べています。

「軍部の独走」ということが語られたように、昭和の戦争期には軍が独自の勢力となって、軍の意向に従わないと政治が出来ないような状態が生まれました。満州事変も日華事変（宣戦布告がなかったからこう呼ぶ）も、軍がいったん交戦状態に入ったらもう誰もとめられなかったのです。そして、総理大臣も軍人でないと政治が回せないようになり、その結果が「先の大戦」です。その深刻な反省の上に立って、日本は戦力不保持を大原則にしているわけです。日本には残念ながらそのような軍隊の伝統しかありません。そういう日本軍の歴史的総括なしに、日本に軍隊を復活させることはできないでしょう。自衛隊が「戦力」かどうかという議論も、そこに立ち戻らなければなりません。その問題をごまかして、いま自衛隊に憲法上の地位を与えることは、立法・行政・司法を定めた憲法内に、事実上それと並ぶ法的根拠を与えることになりかねず、これはこの国の決定審級としての「軍部」形成に道を開くことになります。実際には、「日米一体化」の下ですでに自衛隊は軍として、国会や国民のコントロールを超えた振舞いを始めているのです。

憲法改正が戦前の軍国主義・全体主義国家の復活につながるのかどうかについては短絡的・情調的な判断ではなく、冷静で客観的な視点で考察する必要があります。現行憲法が国の最高法規として改正の必要な点があるのかどうかという問題と、憲法改正は第九条に軍隊としての自衛隊を明記することにつながり、戦前の軍国主義・全体主義国家への復活への道を開いていきかねないとの懸念・警戒心とは峻別しそれぞれを冷静で客観的視点で考えることが重要であろうと考えます。

現行憲法の改正の必要性については、すでに本書「第二章 現行憲法に内在する欠陥──表現の曖昧さと内容の不完全さ」で記述したように、大きく分類して「国民審査を受けていない憲法」、「国家の最高法律文書としてふさわしくない不完全さ」、「新しい状況のなかで追加・修正すべき事項の存在」の3つの観点から指摘されています。この観点のみに限定し判断すれば、有識者・ジャーナリスト・政治家の多くも憲法改正に反対する立場には立てないと思われます。

憲法改正に反対する人たちは、憲法改正は第九条に戦力としての自衛隊を明記することにつながり、戦前の日本のような戦争をしやすい国家になるとの恐れや警戒心と結びつけています。戦前のような戦争をしやすい暗黒の時代に戻るのなら、むしろ、現行憲法に多少の問題があっても、手をつけないほうがよいという判断です。憲法改正で第九条に戦力である自衛隊を明記することが、どうして戦争をやりやすい国家につながるのかという論理的判断を飛び越え、短絡的・感情的反発がベースとなった警戒心・恐れになっているように思えます。

明治維新以降から第二次世界大戦敗戦までの歴史を検証し、その時代の状況のなかから戦争に至った要因を抽出し、現在の日本の状況のなかに戦争に至る要因が存在するのかを検討することが重要です。戦力である自衛隊を明記することが現在の日本において、なぜ、戦争をしやすい国家につながるのかを論理的・客観的に検討してみることが大事です。

（二）崇高な理念としての平和主義

崇高な理念としての国際平和主義

日本国憲法の前文や第九条に謳われている国際平和主義は、人類がめざすべき崇高な理念であり、そのような憲法は世界に例のない貴重なもので、日本人として誇りをもち、堅持すべきであるとの考えです。

現行憲法をそのまま維持すべきと考える国民の多くはこの考え方だと思います。そのような思いが述べられている著作を紹介します。

聖路加国際病院の院長、名誉院長を務められた日野原重明医師の著書『十代のきみたちへ――ぜひ読んでほしい憲法の本』（冨山房インターナショナル）の中で、次のように述べています。

わたしたち医師の仕事は、みんなのいのちを守ることです。それはわかりますね？　病気やケガを治して、みんなが健康なくらしを送るお手伝いをするのが、わたしたち医師の仕事です。

憲法という法律も、国民のいのちを守るはたらきをしています。その国でくらしている人たちが、ひどい目にあわないように、とくに国のえらい人たちや国会議員が変なことをしないように、法律ということばの壁で国民を守っています。

また、このようにも述べられています。

もちろん、わたしは法律の専門家ではありませんから、学問としての憲法にはあまり関心がありません。わたしが注目しているのは、憲法の中身であり、こころです。調べれば調べるほど、勉強すればするほど、わたしは日本の憲法がすばらしいものであることを知りました。いのちを守るということについて、これほどしっかりとつくられた憲法は世の中のどこにもないのではないか。そう思うようになりました。

日野原重明名誉院長は59歳のときに、日航よど号ハイジャック事件に遭遇し、それを契機に、内科医として人の命を大切にする姿勢を強め、健康に留意し、高齢になっても現役医師として活躍され、１０５歳の天寿を全うされた方です。日野原重明名誉院長は医者として命の大切さを訴え、その延長線上に国際平和を希求する姿勢を貫きました。

同氏は、この著書の中で、命の大切さと国際平和の重要性とともに、「自衛のための戦争」がいつの間にか他国への武力行使に発展する危うさ、争いでは何事も解決しないこと、互いが許しあうことの重要性も訴えています。同氏の思いや姿勢には、誰しも共感や尊敬の念を感じることと思います。

世界遺産として残すべき日本国憲法

「爆笑問題」の太田光氏は、独特の語り口と歯に衣着せぬコメントで人気のあるお笑いタレントですが、また、非常にユニークな視点の持ち主でもあります。その太田光氏が、人類学研究の中沢新一多摩美術大学教授との共著『憲法九条を世界遺産に』（集英社新書）の中で、次のように語っています。

中沢　（前略）不戦という言葉は、俺はじつは戦えるよ、でもね今は戦わないでおくよというつよがりが含まれてます。もう一つよく似た言葉で、まったく概念が違う言葉に「非戦」があります。非戦は、一貫して私は戦いませんという言葉です。

（中略）普通の国の憲法では、不戦しかいわないでしょう。我々は軍隊を持つ。自衛権も持つ。一朝事あれば他国を攻めることもある。でも、それは平時にはやりません。これが普通の国の憲法です。現実的な思考をすれば、国家にとっては不戦しかあり得ない。ところが、日本国憲法はそうじゃない。非戦だと言い切っている。そこが日本国憲法のユニークさなんですね。国家が国家である自分とは矛盾する原理を据えているわけで、日本国憲法が世界遺産に指定されるに値するポイントですね。

太田　日本国憲法の九条は、とくに世界遺産に匹敵すると思います。

また、太田光氏は次のように述べています。

太田　世界遺産をなぜわざわざ作るのかと言えば、自分たちの愚かさを知るためと思うんです。ひょっとすると、戦争やテロで大事なものを壊してしまうかもしれない。そんな自分たち人間の愚かさに対する疑いがないと、この発想は出てきません。人間とは愚かなものだから、何があってもこれだけは守ることに決めておこうとするのが、世界遺産の精神ですよね。そんな規定がなくても守れるなら、わざわざ世界遺産なんて言わなくてもいいわけです。

「非戦」すなわち、どんな理由があっても、たとえ、自衛のためといえども、戦争をしないという崇高な理念が憲法第九条には貫かれており、このことが、日本が普通の国ではなく、世界遺産に相当する価値があるものとし、守っていくべきとの考えです。このような世界ではありえない非常識ともいえる思想・価値観を希少価値として認め、日本は堅持すべきとの考えです。

武力的脅威に対する認識や覚悟

日野原重明名誉院長は、先ほどの『十代の君たちへ～』の中で、自衛のためや、海外に在留する日本国民の保護のための武力行使も、過去において戦争開始の理由に利用され、その線引きが難しい点を指摘しています。集団安全保障の危険性も指摘しています。また、戦争によって、真の解決は得られないと言及されています。日本に対する武力的脅威が存在するのか、もし、存在する場合は、どのように対処するかは言及していません。

一方、太田光氏も中沢新一教授も武力的脅威の認識と覚悟はあるようです。『憲法九条を世界遺産に』からそれに関連した箇所を引用します。

太田　たとえば、他国から攻められたりしたときですね。

中沢　そうです。犠牲が出る可能性がある。理想的なものを維持するには、大変な覚悟が必要です。覚悟のないところで平和論を唱えてもダメだし、軍隊を持つべきだという現実論にのみ込まれていきます。多少の犠牲は覚悟しても、この憲法を守る価値はあるということを、どうみんなが納得するか。

太田　憲法を変えようという側と、変えるべきでないと言う側、どっちに覚悟があるかという勝負ですね。この問題は、僕も考えるんですが、いつも矛盾してしまう。憲法九条は絶対に変えるべきではないと思いつつ、じゃあ、目の前で自分の家族が殺されたら、どうするんだと。そのときは、絶対に相手も殺してやると思うんですよ。家族を殺した張本人と、その国のボス。最低でも二人は殺すぞと。そんなことを考えるのは、あきらかに矛盾しています。でも、憲法九条を守るということは、下手をすれば、相手を殺すぞというところまで覚悟していないと、言えないことじゃないかとも思うんです。

太田光氏も中沢新一教授も、武力的脅威の存在は認めつつも、非戦を誓う憲法九条の価値を信念として守ろうという姿勢です。

現在の近代兵器の前には、個人の抵抗は現実的には意味をなさないのを承知で、それでも、その覚悟をもって価値あるものを守ろうとする姿勢です。このような価値観の持ち方はある意味、観念論的といえますが、それは個人の価値観の置き方でもあるといえます。

世界遺産的価値は前文で、現実的対応は第九条で

日野原重明名誉院長の、命の大切さに立つ戦争放棄の国際平和主義は、人類の将来に対する崇高な理念として、堅持すべきものと考えます。また、太田光氏や中沢新一教授は日本国憲法を世界遺産にすべきという象徴的な表現をしています。日本国憲法は、終戦直後の特殊状況で創られたとはいえ、平和を愛する諸国民の公正と信義を信頼し、戦争放棄という形で非戦を誓う理想的理念に立った世界で唯一の憲法です。そのような憲法を変更することは、人類の夢や希望を放棄することであり、世界で唯一の理想的憲法として、世界遺産と同じように、保存・堅持すべきというのが太田光氏や中沢新一教授の信念です。

人類の将来に向けての崇高な理念・原則・願望は、前文に徹底的に反映すればよかろうと思います。また、現状の憲法前文を素直な気持ちで読めば、誰しも感じることと思いますが、内容においては素晴らしいが、日本語としては不自然で頭にスッと入ってこない違和感があるのは疑いようがありません。私は崇高な理念は維持しながら、日本人として、誰もが違和感を持たない平易で普通の日本文にすべきかと思います。

一方、憲法第九条は、法律文書として多義的解釈を許さない、誰が読んでも同じ見解になる厳密な文書で記述すべきと考えます。その内容は国民の大多数が賛成する原理・原則に限定し、その時の世界情勢で変わりうる、または、政党の党利党略に左右されるような方法論や詳細内容は法律で対応することとすれば、国民的合意が得やすい第九条がつくれると思います。

第九条は法律として、戦力の不保持と自衛のための交戦権を放棄する「非戦」とするのか、自衛のための戦力保持と交戦権の保有を認める「不戦」の立場かは明確にする必要があります。

中国の武力的脅威が存在するのかどうかを判断し、国民は憲法第九条の内容を明確にすべきです。中国の武力的脅威が存在するかどうかの判断材料で一番重要な点は中国の現在の政治体制です。中国は共産党一党独裁体制で、共産党の指導下で中国を繁栄させ、自分たちが最良と考える体制を世界に広め、中国中心の世界を構築する意図を持っています。中国における異民族のウイグル、チベットへの中国化は熾烈を極めています。ウイグル族は自分たちの宗教、文化、伝統を奪われ、１００万人もの人が職業訓練と思想教育の名のもとに、収容所に入れられているといわれており、海外のメディアからは隔絶されています。チベットも同様に中国化政策が実行され、チベット仏教は弾圧され、ダライ・ラマ14世はインドに亡命しています。香港民主化運動の弾圧、台湾に対しては、台湾と国交を結ぶ国々の引きはがし工作やＷＨＯ（世界保健機構）への台湾加入阻止等の対台湾圧力等に見られるように、中国共産党政治の管理下に置こうとの動きが顕著です。南シナ海の岩礁を埋め立てての軍事基地化、南シナ海諸島の領有権をめぐるベトナム・フリッピン・マレーシアとの係争、尖閣諸島周辺の領海侵犯等、海外膨張政策は拡大する一方です。中国国内でも、天安門事件についての情報遮断、グレート・ファイアウォールと呼ばれるインターネット検閲システム、全土に張り巡らされた監視カメラ等に象徴されるように国家による個人監視システムが存在しています。

中国の日本に対する武力的脅威は米国の力や関与が弱まれば、増大するのは必至と思われます。一党独裁国家中国の武力行使の考えは、全体主義・軍事国家であった戦前のドイツや日本と同様と考えられ、日本の憲法がどうであれ、侵略が可能と判断すれば、ためらわないと想定すべきです。状況次第では、このような政治体制の中国の影響下や支配下に置かれるリスクを意識し、判断することが極めて重要です。
将来に向けての理念、理想は前文で、まだ、完全には排除できない武力的脅威に対する現実的対応としての原理・原則は第九条を含めた条文で記載していく区分けを行なえば、多くの国民の合意が得られる憲法が創れると思います。

(三) 武力侵略の歴史の反省に立った平和主義

敗戦国家は永久に自衛戦力さえ保持できないのか

西谷修名誉教授は、『「改憲」の論点』(集英社新書)の中で次のように述べています。

軍事力の不保持・不行使は、世界戦争の帰結として、そのときの日本の存続条件として決められたものです。その意味で、憲法第九条は世界の戦後秩序とセットになっています。仮に軍事力不行使の大原則を取り払いたいなら、そして自衛力=軍事力を公然と掲げたいのなら、日本はなぜ(たてまえとしてでも)軍事力を放棄したのか、せざるをえなかったのかをもう一度考えてみなければなりません。日本の軍事力(日本軍)は世界を向こうに回しての無条件降伏という結果を招き解体されたのだということ、国内的に見ればその軍国主義体制が破綻したのだということです。

この文章の中で西谷修名誉教授が主張する軍事力の不保持・不行使の考えは、「世界戦争の帰結として、そのときの日本の存続条件として」の語句に示されるように、戦争に負けた日本が将来的に課せられた条件だと理解できます。さらに、「日本の軍事力（日本軍）が解体された」、「軍国主義体制が破綻」の語句の意味を深く考察すれば、自分たちの利益のために他国・他地域を収奪・植民地化した行為に対する贖罪的反省と平和主義の理念を込めて、軍事力の不保持・不行使を主張されているとも理解できます。

敗者が課せられた条件としての軍事力の不保持・不行使の考えに対し、疑問に思うことは武力侵略を行ない敗戦した国家は、自国の自衛権を永久に放棄しなければいけないかということです。戦争は国家間の利益の衝突という面があり、戦後の敗戦国に対する処置は戦勝国側の都合で決められた面もあります。欧米人には理解できない国民総玉砕を叫ぶ精神構造の日本に対し、再び、戦争を起こすことができないように憲法第九条で交戦権放棄・戦力不保持の原則を約束させました。

武力侵略は現在の判断基準では絶対に許容できないことであり、日本はその判断基準を戦後、かたくなに順守してきました。それでも、自衛権放棄は国家間の対立が残っている現実世界では無理であり、現実的対応として自衛戦力としての自衛隊を保持してきました。世界のほとんどの国も日本の自衛権を否定できず、実質は軍隊である自衛隊と第九条との間に存在する矛盾は日本国内の問題でした。世界の歴史をみても、敗戦の条件を長期間、順守してきた例はありません。戦後、70年以上が経過し、日本を取り巻く国際情勢も変わっており、日本が敗戦を受け入れた条件などという固定観念から脱却し、国民自身で自衛権・自衛隊を憲法のなかで考える時期にきているのではないかと思います。

世界史的視点に立った客観的判断

他国・他地域を収奪・植民地化した行為に対する贖罪的反省と平和主義の理念に立った軍事力の不保持・不行使という考えに対しては、現状の世界の現実を軽視し、理念が先走りしたように感じます。

世界の主要国の歴史を見ても、米国は先住民であるインディアンの土地を取り上げ、多くの移民を受け入れ、世界最強まで上り詰めた国家です。大英帝国もアジア・アフリカ・アメリカの各地域や国を植民地にして、７つの海に覇権を打ち立てました。

明治維新以降から第二次世界大戦での敗戦に至るまでの日本の歴史に対し、軍部が政権を握った昭和初期の暗黒の約20年間を除くと、大いに評価すべきとする人も少なくはありません。アジアの極東に位置する島国で近代化に遅れた日本が欧米列強の植民地化の狙いに対抗し、第一次世界大戦後に設立された国際連盟の常任理事国の一つになるまでに国力を高めた先人たちの知恵・労苦に深い敬意を感じざるを得ないとする人も少なくありません。また、肯定的評価をする人の中には、日清戦争から第二次世界大戦までの戦争そのものさえ、当時の国際情勢下で日本が置かれていた状況を考えるとやむを得なかったとの見方をする人もいます。

他国・他地域の収奪・植民地化は現在の国際的判断基準では容認されるものではありませんが、歴史上の過去のことを現在の判断基準で評価することは、新しい法律で過去の裁判をやり直すことが許されないのと同様に、無意味で争いの種になるだけです。

客観的・冷静な歴史観に立って考えれば、過去の歴史を美化することは当然いけませんが、逆に自国の歴史だけに過度な反省を適用するやり方は公平性に欠け、自虐的歴史観と思えます。

武力の脅威に対する認識の違い

軍事力の不保持・不行使の是非は、現在の世界状況下で日本に対する武力の脅威が存在するか否かの認識の問題ともいえます。日本を取り巻く世界情勢のなかで、現在、日本に武力の脅威を及ぼしていると考えられる国家は一党独裁国家・全体主義国家の中国と、個人独裁国家・

全体主義・軍事国家の北朝鮮です。この中国と北朝鮮の武力の脅威が現実味のない意図的につくり上げられたものであれば、西谷修名誉教授の主張する軍事力の不保持・不行使は最適の国策となります。西谷修名誉教授が前出の『「改憲」の論点』の中で中国について触れた部分は次の箇所だけです。

日本の統治層の頭にある世界地図では、日本列島がエビのように身を丸めてカルフォルニア沿岸に貼りつき、アメリカの懐から太平洋の向こうの中国をひたすら睨んでいるかのようです。そんな日本を牽制に使いながら、アメリカは中国と今や世界統治の主要なパートナーとして関係を深めております。それにもかかわらず、台頭著しい中国・一世紀半の西洋列強からの収奪とそれに乗った日本の侵攻の打撃から立ち直った一四億中国に対抗し続けるために、自分たちが無条件降伏した、つまりグーの音の出ないまでに負かされたアメリカに今度は身を預け、近隣諸国を敵視することで過去の栄光幻想にしがみつく、それが敗戦をすり抜けた日本の統治層の抜きがたい習性なのだと思わざるをえません。

中国に関しては、確かに過去においては、欧米列強に収奪され、日本に侵略された事実はありますが、その被害者の側面ばかりで、現在の中国の武力の脅威に関する記述は一切ありません。現在の中国の政治体制は国民主権の民主主義とはほど遠い一党独裁体制で、国民の人権や言論の自由が統制・制限されている国家であり、そのような全体主義国家が戦前の日本やドイツと同じような武力侵略を行なう可能性についての言及は一切ありません。憲法学者は立憲主義・法の支配・民主主義・基本的人権という先進国で共有されている普遍的理念・原理に極めて厳格であるはずですが、西谷修名誉教授のこのような偏った発言を不思議に思います。

憲法第九条が果たした自衛隊戦力・活動に対する抑制効果

『「改憲」の論点』の中で、著者の一人、東大教授の石川健治氏は次のように述べています。

このように、どんな権限であっても、行使・不行使の双方の可能性が与えられているため、それを行使する正当性を権限の外側から調達してこなくては、なかなか動きません。自衛隊法に基づく法律上の権限についても、また同様です。ここにおいて、自衛隊違憲論の存在が、一定の役割を果たしています。すなわち、九条二項自体やその正当性論としての平和主義を根拠に、国会はそもそも自衛隊を組織する権限がなかったのではないか、自衛隊法上の権限もこれを行使する理由がないのではないか、という形で、自衛隊の組織として存立への問い直しが不断に継続され、それによって、自衛隊の権限の行使がコントロールされてきた、という側面があるはずなのです。

憲法学者としての言い回しですが、一般国民の間でわかりやすい表現にすれば、九条第二項の戦力不保持の表明が、たとえ、自衛のためとはいえ、憲法違反になるのではないかとの心理的負担となり、自衛隊の消極的肯定、戦力増強の抑制・自衛隊の武力を伴う活動の抑制につながったとの意味だと理解します。このような判断は的を得ているとは思いますが、第九条の効果だけを強調するのは憲法学者の立場からの我田引水の感が否めません。自衛隊に関するこのような抑制は単に第九条の効果だけでなく、米国の終戦直後の旧日本軍の復活に対する警戒心や日本の侵略を受けたアジアの警戒心に対する日本側の配慮もあったと思います。また、終戦直後の日本は財政的に困窮しており、防衛は日米安全保障条約による米国軍事力に依存することにより防衛予算を抑制し、経済復興に集中せざるを得ない事情もありました。自衛のための軍事費抑制や自衛隊の海外での活動が抑止できたのは、第九条の効果もありますが、日本の経済状況・東アジアや東南アジア諸国への配慮・日米安全保障の相手国である米国側の思惑や事情等が総合的に絡んだ結果と見るのが妥当ではないでしょうか。

独裁国家・全体主義国家がもたらす武力侵略の脅威

憲法第九条は国家安全保障に関わる原理原則の問題で、政治家・有識者・ジャーナリストの間でさまざまな意見・主張があります。戦争の悲惨さ・残酷さ・愚かさに目を向ければ、確かに戦争は絶対に避けるべきであり、理念としての平和主義は人類が最終的に目指していかなければならない普遍的理念です。絶対平和主義に立つ政治家・有識者・ジャーナリストは軍事力に依存する国家安全保障に対し、反対の立場をとります。今では、少なくなりましたが自衛隊の存在自体を否定する人たちもいました。軍事力に依存する国家安全保障に批判的な人たちに対して、私が質問してみたいことは次の点です。

（一）中国や北朝鮮による武力的脅威の有無
（二）もし、ないと判断しているのならその理由

中国や北朝鮮の武力的脅威が明白に存在すると私が判断する理由は、中国は共産党一党独裁国家・全体主義国家であり、北朝鮮は個人独裁国家・全体主義国家だからです。このような国家では、支配層の権力維持・拡大のため、戦争は状況によっては必要であり、国民は戦争に反対できないからです。日本の軍事力による国家安全保障に批判的な人たちの特徴は独裁国家・

全体主義国家である中国や北朝鮮による武力的脅威に対しては、期待の混じった甘い認識で、その一方、民主主義が定着している日本での憲法改正には戦争をしやすい国になるとの論理的飛躍とも思われる懸念を示し、冷静で客観的な判断からかけ離れた偏った傾向が見られます。

自衛的戦力なしの国家安全保障は可能か

軍事力に依存しなくても外交交渉や民間交流で国家安全保障が保てるとの説明も、中国や北朝鮮が現在とっている行動から判断して説得力がないのは明白です。さらに、軍事国家・全体主義国家であった戦前の日本やドイツに対して、外交交渉や民間交流が無力であったことが歴史的証明となります。

相手の武力的脅威に対抗して軍事力を強化していけば、仮想敵国側も武力的脅威を感じ、さらなる軍事力強化を図り、際限もない軍拡競争になるとの意見もあります。確かにそのとおりです。しかしながら、相手国の軍事力を凌駕したと軍事国家・全体主義国家の支配層が判断したときには、侵略される可能性がさらに増大することが、残念ながら、歴史的事実です。それを証明するよい例が、戦前のドイツと日本です。ドイツはヨーロッパ諸国との軍拡競争に勝利したと判断したときに独裁者ヒトラー総統はヨーロッパ諸国に侵攻しました。戦前の日本は軍事力の圧倒的優位性で中国を侵略していきました。

（四）他国の戦争に巻き込まれる懸念

集団的自衛権を認めた平和安全法制（２０１５年制定）

２０１５年に、日本防衛活動中や共同演習中に安全保障締結相手国の軍隊が攻撃された場合の武力行使を容認する平和安保法制が多くの野党の反対を押し切り、制定されました。野党が反対した主な理由は他国の戦争に日本が巻き込まれる可能性があるということでした。

平和安保法制制定以前は、第九条の解釈の範囲で認められているのは個別的自衛権だけで、集団的自衛権は認められていないとするものでした。自衛権の範囲を個別的に限定する拠り所となっていた第九条に手を加えることは、集団的自衛権のさらなる範囲拡大につながり、他国（米国）の戦争に巻き込まれる可能性がさらに大きくなると懸念する声があります。

通常の集団安全保障

集団安全保障を締結している国が攻撃された場合は、お互いに助け合うのが集団安全保障の本来的目的です。日米安全保障条約において、米軍への攻撃に対する日本からの武力支援が従来は要請されて来なかったのは、他国に依存する必要が少ない米軍の巨大な戦力と日本の九条の壁という特殊事情によるものでした。その状況が米国の財政的事情に起因する自衛隊戦力に対する期待増加および膨張政策を拡大している中国からの武力的脅威の増加という変化を受け、2015年の平和安全法制の制定につながりました。集団安全保障体制を組んでいる状況下では、ある意味、当然の帰結であるといえます。日本の防衛のための米軍との共同活動や共同演習中に米軍が攻撃を受けた場合に、条約締結国である日本として攻撃した相手に対して反撃を行なうのは理にかなっていると思います。このような場合は、日本が他国（米国）との戦争に巻き込まれるというより、自国日本の防衛のための自衛的戦争として理解してもよいと思います。日本から遠く離れた地域で活動中の米軍への攻撃に対する日本の武力協力は、日本の自衛との判別もつけやすく、かつ、国会の承認を得るプロセスの過程で自国防衛でない場合は否決でき、この面での戦争に巻き込まれる可能性は少ないかと思います。

基地用土地提供ですでに米国の戦争に巻き込まれている実態

他国（米国）の戦争に巻き込まれると懸念する人たちは、日本の防衛という意味が拡大解釈され、日本防衛と直接に関係しない米軍軍事活動中に米軍が攻撃され、周辺に自衛隊がいた場合のことを想定しているのだろうと思います。

たとえば、台湾と中国との間で異常事態が発生し、台湾を支援のために米軍艦隊が台湾周辺に派遣され、日本は尖閣諸島周辺の警備で海上自衛隊が出動している状況で、中国軍と米軍との間で戦闘が起きた場合、どうするかといった問題です。日本の自衛のための共同軍事行動ではないので自衛権の行使にあたらず、米軍への武力応援はできませんが、このような緊迫した状況では、後方に待機する自衛隊への中国側の攻撃は意図的か偶発的かは別としてありうる話であり、また、自衛隊側からの先制攻撃なのか、自衛隊が攻撃を受けた後か判然としないケースが考えられます。このようなケースは他国の戦争に巻き込まれることといえます。しかしながら、よく考えてみると、米軍に日本の領土を基地として提供しているという実態は、相手国から見れば、日本の意思にかかわらず、米国にすでに加担していることになります。中国と米国との間で、本格的戦闘が起これば、当然、日本の米軍基地から日本側の許可なく出動しますので、中国は日本の米軍基地および周辺に攻撃を仕掛けます。また、仮に朝鮮半島で第二次朝鮮戦争が発生しても同じように日本は北朝鮮とそれを支援すると思われる中国からの攻撃対象となります。日本に米軍基地が存在し、そこから出撃や攻撃ができるということは、仮想敵国から見ると日本が米軍の応援をしなくても攻撃対象となり、必ず、巻き込まれると覚悟するしかありません。このような事態が他国（米国）との戦争に巻き込まれることの危惧でしょうが、これは第九条の改正によって生じる問題ではなく、日米安全保障条約により、日本領土に米軍基地が存在し、そこから自由に出撃や攻撃ができるという問題であると認識すべきです。日本が攻撃を受けた場合に米国は国民の血を流して助けてくれるのかという懐疑的見方もありますが、逆に考えると日本にいる米軍が攻撃されることで、米国民が日本支援の戦争に賛成することにつながるとの見方もできます。いわば、日本駐留の米軍は日本防衛に米国が参加せざるを得ない状況をつくり出す人質であるともいえます。

米国の戦争に巻き込まれない真の解決策

この問題を解決するには、日米安全保障だけに依存しなくてすむように、財政的負担を覚悟で自前の戦力を増強することと、米国以外の民主主義体制の国々との間で広範な集団安全保障体制を構築するしかありません。その上で、日本領土からの米軍出動は日本側の了解が必要とする内容の条約改定を行ない、条約改定ができない場合は、日本領土内から米軍基地を撤去してもらう覚悟が必要です。

米国も民主主義という価値観を共有する国家であるといえども、国益で対立することもあり、日本が政治的・軍事的に独立度を高めるためには、米国以外のインド・オーストラリア・ニュージーランド・東南アジア諸国・ＥＵ等の民主主義国家との集団安全保障を結ぶことにより、日米安全保障への依存度を低くしていくことが必要と考えます。

目標としてめざすべきは国連の下に結成される世界連邦軍による国際平和構築の枠組みづく

り、その中で世界の国々と協調し、積極的に参加することにより、日本の国家安全保障を確保することです。最終的には、国家間や地域間紛争はすべて世界連邦軍に任せ、従来の国家は世界国家の一つの州との位置づけで国内の警察活動に特化できることを目標にすべきかと考えます。

（五）第二次安倍政権に対する不信感

憲法学者たちの第二次安倍政権に対する不信感の表明

自民党の憲法改正派および第二次安倍政権に対して、憲法改正に反対または慎重な人たちの間で、根強い不信感があります。

『「改憲」の論点』（集英社新書）の共著者の一人、東京大学教授の石川健治氏はその中で次のように述べています。

「安全」という、それ自体は正当な目的が、あらゆる政策手段を、正当化するわけではありません。目的を実現するには、手段を選ばなければならないというのが、法治主義や立憲主義の基本思想です。立憲主義は、なによりも自由主義であり、あらゆる権力にコントラ・ロールを置こうとするのも、自由を確保するのが目的です。たとえば、「安全」という目的が実現されなければならないとしても、同時に「自由」に対しても配慮するならば、政策手段はできるだけ「自由」に対する影響の少ない、必要最小限度のものを選ばなくてはなりません。つまり、目的先行の「政略主義」に対して、「自由」に可能な限りの配慮を求めるのが立憲主義だということです。どれだけ、目的が正しくても、「手段」が行き過ぎていれば、そのことだけを理由に違憲・違法の評価が下される、という発想――それが「真の立憲」なのです。

この文章の中に、憲法学者の真摯な思いが込められていると思います。立憲主義の意図するところは、大義名分として掲げた政治目的のために手段を選ばない政治的行為・立法的行為は違憲・違法であると警鐘を鳴らし、憲法により、時の権力の専横・横暴を抑止することにあるという考えです。

さらに、石川健治教授は、同書の中で安倍首相に対する不信感を次のように表明しています。

元々「立憲デモクラシーの会」が批判しようとしたのは、九条改正論そのものではなく、コントラ・ロールとしての内閣法制局長官を、「お友だち」の外交官にすげ替えてまで政府の憲法解釈を変更しようとする政権の姿勢についてでした。それに先立つ「96条の会」も、九条改正という本丸でなく、憲法改正手続きを定める九六条を攻撃対象としたことを批判しました。どちらも、「民意」の支持をよいことに、「目的」のために「手段」を選ばない政権や官邸の体質が、際立つ事案でした。これに対して、九条護憲派も九条改憲派も同じ戦列に並んで、第二次安倍政権に目立つ「手段」の行き過ぎや「手続き」の軽視の問題性を批判したのです。

樋口陽一東京大学・東北大学名誉教授と小林節慶応義塾大学名誉教授の共著『「憲法改正」の真実』（集英社新書）の中で両氏は次のように語っています。

小林　さっそく具体的な議論に入りたいと思います。日本の社会は憲法という最高法規が踏みにじられ、「無法」と言ってもいいような状況に突入しております。憲法九条を無視した安保法制を立法したばかりではありません。たとえば、安保法制が可決され国会が閉会した後、臨時国会開会の請求が野党からあったにもかかわらず、自民党はこれを無視しました。これも憲法第五十三条を破る行為です。与党・自民党は憲法に違反するということに、もはやなんの躊躇もないようです。異常としか言いようのない状況です。そのうえ、彼らはその憲法の改正まで視野にいれている。

さらに、小林節名誉教授は同書の中で次のように述べています。

小林 最近の国会の風景をご覧になってお気づきのように、わが国与党の国会議員の多くは、「そもそも、憲法とはなにか」という基本的な認識が欠如しています。安保法制について言えば、歴代の政権が積み重ね、継承してきた憲法の解釈を、たかが一内閣の閣議決定ごときで、勝手に変更しても構わない、あるいは憲法違反の立法をおこなっても差し支えないという、我々から見たら、異常としかいいようがない感覚の持ち主だということが判明しました。

さらに小林節名誉教授は次のように述べています。

小林 （中略）ここは樋口先生と私との立場が決定的にちがうところではありますが、憲法は道具だと私は考えております。つまり、我々主権者、国民が幸せに暮らすために国家権力を管理するマニュアルが憲法です。ある時に憲法を制定したとしても、時代が変わり、変更の必要が生れたときには、国民の総意をもとに微調整をしていけばいいではないか、という考え方を私は主張してきました。但し、念のため、ここで釘を刺しておきます。現時点では、憲法改正は断じて行うべきではない。あの思いつめた人たちが、どこに憲法をもっていってしまうのか、本当に不気味です。だから、体を張って抵抗しているのです。

第二次安倍政権に対する不信感を決定的にした平和安全法制

それでは、自民党政権時、とくに第二次安倍政権のどのような政治的行為・立法的行為が行き過ぎた「手段」と判断されているのでしょうか。行き過ぎた「手段」と指弾されている政治的・立法的行為の最大のものは第九条の解釈を次々に変え、自衛隊の活動範囲を拡げる法律をつくり出したことだと思います。

第二次安倍政権に対する不信感が強まったのは２０１５年に１本の新法と10本の改正法で構成される平和安全法制を成立させたことで、第九条の従来の解釈から逸脱した違憲行為として、指弾されました。平和安全法制で野党や護憲派の人たちが問題視したのは、従来は自衛権の範囲を個別的自衛権までとしていたのを、日本の防衛のための共同活動中や合同演習中の米軍攻撃を行なった国の戦力に対し、自衛隊の攻撃を容認するという集団的自衛権まで拡大したことです。

平和安全法制に対する二つの見方

このような戦後日本の自衛権に対する解釈の変遷と自衛隊の海外活動の拡大を見て、どのように理解・評価するかが重要な点であり、その理解・評価の仕方から、大別すれば、二つの見解が出てきます。

一つの見解は、石川健治氏が指摘する大義名分として掲げた政治目的のために手段を選ばない政治的・立法的行為とし、違憲・違法であるとの考えです。安倍第二次政権に対する第九条堅持派の不信感の背景として考えられることは、憲法違反の自衛権の拡大と自衛隊の海外派遣範囲の拡大です。

これと反対の見解は、第九条の解釈を変えていったのは日本の国内事情と日本を取り巻く国際環境の変化に対応し、国家の主権・国民の自由・安全・財産を守るため、国民に対し責任がある政権与党としての現実的対応であると理解を示すことです。

憲法第九条の解釈を変えることが可能なのは、最高法規である憲法として恥ずべき文章の曖昧さに起因し、違憲とも糾弾できるし、解釈次第で合憲とも説明できることに由来しています。このような違憲・合憲論争状態が継続することは憲法の信頼を損ねることであり、憲法改正により国民に信を問い、国民が支持する内容に憲法を是正していくことが必要です。憲法は時代の状況を反映し人がつくったものですので、必要があれば修正していくことは諸外国では常識です。

平和安全法制を生み出した国際環境の変化

第二次安倍政権が従来の個別的自衛権の範囲を飛び越え、集団的自衛権の発動までを容認する平和安全法制を強行成立させたのは、日本を取り巻く国際環境としての北朝鮮の武力的脅威、さらに中国の拡大し続ける軍事力を背景にした最近の海洋膨張政策に対する脅威が増大してきていることにあります。中国は共産党一党独裁体制国家樹立後、朝鮮戦争・インドとの国境紛争・ソ連との珍宝島国境紛争・ベトナム侵攻等々多くの戦争や紛争を起こしてきました。北朝鮮は個人独裁国家、中国は共産党一党独裁国家で、戦前の日本やドイツと同じように、武力行使を容易に起こす可能性がある国家と判断され、その武力的脅威には備える必要があります。

憲法を守ることを最優先とするのか、憲法改正が進展しない状況下の現実的対応を優先するのかの選択でもあります。

自民党一強体制化での強引な国会運営

第二次安倍政権への不信感を生み出しているほかの要因として考えられるのは、自民党一強体制の中で、最後は多数決の論理で押し切る強引な決議や国会軽視とも受け取られかねない衆議院解散・野党からの臨時国会召集要求の無視です。総理大臣の専管事項をされる無条件の衆議院解散の根拠はすでに本書「第二章 四 総理大臣専管事項・衆議院解散権の驚くべき根拠」で記したように、憲法第一章「天皇」の国事行為の中の間接的表現に置かれています。今は野党となっている立憲民主党や国民民主党の前身の民主党が政権を担っていた時代にもこの総理大臣の専管事項を使っています。野党側からの臨時国会召集要求に対する無視は、2017年秋に98日間放置し、国会召集と同時に「北朝鮮からのミサイルの脅威」を大義名分とした衆議院の解散を総理大臣の専管事項として実施したことがその事例です。野党の臨時国会召集要求を98日間も放置できたのは、臨時国会召集に関する憲法第五十三条で、何日以内との規定が示されていないからです。野党側が非難するように政権与党の傲慢と驕りによる民主主義の破壊行為ともいえますが、決められる安定した政治の面もあり、われわれ国民が注視し、行き過ぎがあれば、選挙による意思表示が必要です。さらに大事なことは、政権与党の自己都合による国会運営を許さないように、臨時国会召集要求に対する召集期限の明示、総理大臣の専管事項とされる無条件の衆議院解散権の見直し等を含んだ憲法改正を行なっていくことが基本的な解決策です。

(六) 戦前日本のエスタブリッシュメント層・保守支配層の子孫とその取り巻きに対する感情的反発

感情的反発の発言

樋口陽一東京大学・東北大学名誉教授と小林節慶応義塾大学名誉教授の共著『「憲法改正」の真実』(集英社新書)の中で、自民党の一部の議員に対する著者の評価が顕著に表われている箇所を紹介します。

小林　(中略)これが何を意味するかと言えば、現在、自民党内で憲法について集中的に考えている議員たちのほとんどが、戦前日本のエスタブリッシュメント層、保守支配層の子孫とその取り巻きであるという事実です。

樋口　戦前の日本のエスタブリッシュメント層の子孫といえば、安倍首相などは、まさにその典型をいうことになりますね。

小林　そうです。彼の母方の祖父、岸信介なんて、大日本帝国のもとで戦争したときの最高責任者のひとりです。武官の最高責任者が東條英樹ならば、文官の最高責任者は岸信介じないですか。商工大臣や軍需次官までやった岸信介はA級戦犯容疑で囚われながら結果的には無罪放免で、総理大臣にまで上りつめました。岸としては、国を立て直すために自分が生き延びなければならないのだと自らを納得させたのでしょう。しかしながら、敵国に屈することで自分を守ったという心理的な屈折がなかったはずはありません。その屈折が「押しつけられた」憲法を廃棄するという執念につながっているのではないか。自主憲法制定国民会議の会長を務めるなど早くから改憲の旗振り役だったのは、その屈折からきているのではないかと推測できるのです。

小林　さっきも話したように、三〇歳だった私はそうした人たちの催す勉強会に顔を出していたわけです。岸本人とも一度だけですが、会ったことがあります。そうした付き合いのなかで知ったことは、彼らの本音です、彼らの共通の思いは、明治維新以降、日本がもっとも素晴らしかった時期は、国家が一丸となった、終戦までの一〇年ほどのあいだだった、ということなのです。普通の感覚で言えば、この時代がファッシズム期なんですがね。

樋口　はい、そういう自民党世襲議員の中に、旧体制下の支配層たちの「敗戦のルサンチマン（怨念）が脈々と受け継がれ、アメリカに「押しつけられた憲法」を憎悪するという構図になっているのでしょう。

感情的反発による主観的解釈と峻別すべき憲法改正

以上の発言を見て、確かにそうだろうと思う点もありますが、逆に客観的・論理的でない感情的反発も含まれている部分もあります。岸信介氏の経歴は事実に基づいたものですが、小林節氏が解釈している屈折した気持ちが「押しつけられた憲法」を廃棄する執念につながっているのか、あるいは、憲法は中味の善し悪しは別として、日本国民自身が議論し、判断し、審査したものであるべきだとの思いから憲法改正を主張しているかは岸信介氏本人自身の心の中の問題であり、一方的に決めつけるやり方には疑問を覚えます。

また、自民党世襲議員の中に憲法改正論者が多いのは事実ですが、彼らが素晴らしい時期と感じているのがファシズム期だと断定するのも論理的でないように思えます。一部の自民党世襲議員たちの発言内容から判断して、彼らが感じている戦前の素晴らしさとは日本の歴史・文化・伝統に誇りを持ち、助け合う濃厚な家族関係や連帯感のある社会という点までは間違いないと思います。一方、彼らが戦前の軍国主義・全体主義を賛美し、国家をその方向にもっていこうと意図しているというのは言い過ぎで、冷静に考えても、そのようにもっていこうとする自己利益的動機・目的がないように思えます。

はたして、戦前の軍国主義・全体主義国家のような強権政治が今の日本で実現できるのでしょうか。また、彼らは自己利益のために、そのような強権政治を実現させようと意図しているのでしょうか。彼らが戦前の美しい日本という復古主義に心情的に傾くのは、戦前の日本のエスタブリッシュメント層である彼らの祖父や親にあたる人たちによる教育による影響もあるとも思われます。

美しい日本や文化・伝統・歴史に誇りをもつ国民という復古主義は確かに戦前の軍国主義・全体主義の温床になったことは間違いありません。歴史・文化・伝統を誇りに思う国民や美しい日本といった復古主義的な特定の価値観を憲法前文に入れることは、価値観が多様化している現在、日本の状況では、価値観の押しつけであると私は判断し反対の立場です。

戦前日本のエスタブリッシュメント層・保守支配層の子孫とその取り巻きに対する感情的反発から、憲法改正そのものに反対する姿勢は真に改正が必要な項目のすべてに対し、論議しないことで、むしろ、よりよい憲法に変えていくことを否定し、憲法をないがしろにすることにつながらないでしょうか。

（七）権力に対する感情的反発

内閣総理大臣を自衛隊の指揮監督者とすることが統帥権条項の復活なのか

学者・作家・ジャーナリスト・芸術家たちにとって、何よりも重要なことは思索・思想・創造の自由です。彼らの創作・思索活動にとって、精神的自由の保障は死活問題です。精神的自由とは、時の支配層や権力者からの精神面での拘束を受けないことです。このような状況に置かれている人々は、すべてとは言いませんが、政治権力に対し感情的反発としての反権力意識が働きます。

第二次安倍政権は一強体制といわれるように、安定多数を誇り、政権運営は最後は多数決の原理で決定する場面が多く、野党からは強引・傲慢との非難を浴びています。第二次安倍政権の強引な政治運営と時折、見せる戦前への復古主義的と思われやすい発言とが重なり、学者としての憲法学者や政治学者の反権力意識を呼び起こし、感情的反発を誘発しています。その例をいくつか紹介します。前出の『「改憲」の論点』の中で、石川健治氏は次のように記しています。

その意味で、今般自民党から提示された素案（たたき台）において、九条の第二項が「前文の規定は、我が国の平和と独立を守り、国及び国民の安全を保つために必要な自衛の措置をとることを妨げず、そのための実力組織として、法律の定めるところにより、内閣の首長たる内閣総理大臣を最高の指揮監督者とする自衛隊を保持する」とされているのをみたときは、衝撃でした。「最高の指揮監督者」としての「内閣総理大臣」。権限の側面から、責任の所在を明かにして、シビリアン・コントロールに資するためだとはされていますが、これは、端的にいって統帥権条項の復活です。これにより、自衛隊員の人間として・個人としての「尊厳」が剥奪され、「最高の指揮監督者」によって、自衛官が「道具」として、「物」として扱われる可能性が、復活してしまう。そのことが正当性論としてもつ意義を、軽視してはならないと思います。

石川健治氏は衝撃を受けたとありますが、安倍総理大臣をとくに好きでも嫌いでもない私にはよく理解できませんでした。軍隊としての自衛隊の存在を憲法に記載する上は、組織としての自衛隊を誰が指揮監督するのか明らかにする必要があり、国民の選挙によって選ばれた国会議員の多数決により選出された内閣総理大臣を指揮監督者とするのは当然のことです。そのことを統帥権条項の復活と感じるのは論理性や客観性を飛び越えた反権力意識に支配された感情的反発と見えます。戦前の大日本帝国憲法においては、策戦用兵の統帥権は天皇がもつ権限とされ、軍部が天皇を輔弼するという名目の下、軍部の専横・暴走につながりました。その軍部による独走を抑止するのが、シビリアン・コントロールであり、民主主義国家では、大統領または首相が監督指揮者となっているのが常識です。客観的・冷静に考えれば、常識として当たり前の話ですが、一気に統帥権の復活と感じるのは感情的反発としか思えません。

自衛隊員に対する時代錯誤の意識

自衛隊員の人間として・個人としての「尊厳」が剥奪され、「最高の指揮監督者」によって自衛官が「道具」として・「物」として扱われる可能性が、復活してしまう、との話を聞いた自衛官はどう反応するでしょうか。私が自衛官であれば、次のように答えます。

第九条により、自衛隊は、解釈によっては、違憲の可能性のある組織として扱われ、国民に必要性を理解してもらうべく、災害活動で活躍しながら、努力して、国民の生命を守る使命を信じ、耐えてきた。自分達は自衛隊が嫌なら、辞めることもできるが、国家のため、国民のために、必要な組織との信念で、自分の命が危険に晒される場合でも、使命のために活動する考えである。万一、死亡することがあっても、国家のため、国民のためという崇高な個人としての信念で戦闘に参加することに自分の尊厳を置くものであり、「道具」・「物」として扱われていると考えるのなら、「道具」・「物」として扱われているとは考えない。もし、自分は自衛隊を辞める。

石川健治氏の考えは、戦前に徴兵制が敷かれ、軍部が独走し、戦争に突入していった状況を想起してのものかと思います。民主主義政治が崩壊し、統帥権干犯を利用し、内閣や国会を無視した軍部の独走により突入した戦争に徴兵制で強引に戦場に駆り出されていった兵士たちは、確かに「道具」・「物」として、扱われたといってよいか思います。戦争映画の場面で、徴兵された兵士に対し、「お前たちの代わりはいくらでも赤紙（召集令状）一枚で集めることはできる」と言い放つ、上官の言葉はまさに「道具」・「物」としての扱いといえます。現在の日本には、徴兵制はなく、職業選択の自由のなかで自衛官になり、国家の主権や国民の安全・生命・財産を守る使命と、場合によっては自分の生命が危険に晒されることを覚悟している自衛官にとって、「道具」・「物」として扱われているとの意識はないと思います。戦前の日本の状況と現在の日本の状況がまったく異なるにもかかわらず、一気に戦前の状況が復活するとの懸念は客観性や冷静さを欠いた論理の飛躍であり、そこにも、反権力意識が作用した感情的反発と感じざるを得ません。

第六章　「自衛隊の明記」が戦争につながるのかを検証してみる

一　戦前・戦後の日本を比較するうえでの4つの視点

明治維新以降、第二次世界大戦の敗戦に至るまでの歴史と比較し、戦後の自民党政権、とくに第二次安倍政権の政治的活動や立法が戦前の日本と同じ道筋を歩んでいるのではないかとの疑念・懸念を抱く有識者・ジャーナリスト・政治家は少なくありません。このような疑念・懸念を考える場合は、雰囲気や情緒に流されるのではなく、冷静で客観的な分析が必要です。

戦前の歴史と戦後の歴史をいろんな視点で比較・検討し、戦前と同じ道を歩んでいるのかどうかを判断することが重要で、4つの視点で検証してみたいと思います。

1つめの視点は、日本を取り巻く国際情勢の中で、日本の置かれた国内状況を分析しての判断です。2つめの視点は、政治家や軍部の専横・横暴・独走を抑止する国民主権に立脚した民主主義政治の成熟度の違いを考慮しての判断です。3つめの視点は、戦前の軍人と今の自衛隊員の意識・行動様式の違いを考慮しての判断です。4つめの視点は、国家の各時代に主流をなす思想的背景の違いを考慮しての判断です。

各視点の詳細につきましては、本章「五 国際情勢下での国内況状の戦前・戦後の比較」、「六 民主主義成熟度についての戦前・戦後の比較」、「七 軍人の意識についての戦前・戦後の比較」、「八 国家思想についての戦前・戦後の比較」で詳述します。

明治維新から太平洋戦争に至る歴史につきましては、「四 太平洋戦争に至る歴史」で後述します。

二　日本最初の憲法制定

天皇の権威を利用した明治新政府

日本最初の憲法である大日本帝国憲法は１８９０年（明治23）に施行されました。憲法策定にあたっては、プロイセン国王ヴィルヘルム一世の下、統一されたドイツの憲法（別名ワイマール憲法）を参考にし、作成されました。英国・米国・フランスの最初の憲法は政治権力を国王から奪取（米国の場合は独立）後の比較的短期間に制定されていますが、日本の場合は明治維新の23年後です。この時間の差に大日本帝国憲法と英国・米国・フランスとの差が出ています。

明治維新は西国雄藩の若手下層武士が中心となり、天皇を擁立し、徳川幕藩体制を倒したものです。日本の江戸時代の天皇は政治的権力を保有せず、権威としての存在でした。その権威としての天皇を擁立した明治新政府は、英国・フランスのような政治的権力を有する国王との対立関係とは異なり、天皇の権威を利用するものでした。そのような経緯から、天皇が臣下である国民に憲法を与えた形式となり、欽定憲法と称されています。

万世一系の血筋と宗家である天皇家からなる国体論

大日本帝国憲法第一条で「大日本帝国ハ万世一系ノ天皇之ヲ統治ス」と謳われ、日本の古代から連綿と続く血族家系が天皇の統治の正当性の由来でした。当初は天皇統治の正当性は古事記神話に基づいての神聖な万世一系の血筋に置かれ、公的天皇が統治する形を国体としていました。

その後、「家」を中心とする国民意識の浸透とともに、「皇室は宗家にして臣民は末族なり」とし、日本は宗家の天皇家を中心とする家族の集団であるとの国体論が主流になりました。天皇家が日本の各家族の本家・宗家であることが、天皇に対し、日本国家統治権者としての正当性を付与することになりました。

戦前、戦時中を舞台とする映画やテレビドラマで、「恐れ多くも天皇陛下におかせられましては」の言葉が発せられた途端にその場の人は直立不動の姿勢をとったのも、このような国体の思想を反映したものです。また、兵士たちが「天皇陛下万歳」と叫び、突撃していったのもこの国体思想による行動だったと思われます。

明治維新元勲による抑制の効いた立憲君主政治

他国の立憲君主制に立つ憲法は、絶対君主の権限を抑制する目的を有していましたが、大日本帝国憲法の中での天皇の権限は絶大で、軍隊の統帥権を保有し、議会の承認なしに外国との条約も締結できました。天皇は神聖で犯すべからず絶対の権限をもつことが憲法で規定されておりましたが、実質的運用にあたっては、天皇が単独で権限を行使することはなく、内閣（内閣総理大臣）が決定し、議会の賛成を得て、上奏し、天皇の裁可を仰ぐ政治的決定プロセスが常態でした。これは、天皇は権威としての存在であり、実務である政治は臣下に任せ、承認を与えるという平安時代以降の日本の天皇制の特徴であり、明治以降もこの流れを踏襲したものです。

明治維新の元勲たちが存命した時代は、抑制の効いた立憲君主政治で、国民主権ではありませんでしたが、議会制民主主義政治は健在でした。江戸時代の封建政治を打倒し、新しい日本をかたちづくってきた明治維新の元勲たちはその経験から、日本という国を客観的に見る目があったと思います。

三　悪用された大日本帝国憲法

軍部の台頭と統帥権干犯問題

その元勲たちが次々と世を去り、日清戦争・日露戦争の労苦・多大な犠牲・辛うじての勝利の実態が忘れ去られ、第一次世界大戦での安易な勝利を経て、不敗の神国思想が強くなり、欧米列強との競争が熾烈さを増すなか、軍部は次第に力をもつようになりました。

軍部が政治を握り、内閣や国会を無視して暴走し、軍国主義・全体主義国家に変質するきっかけとなった事件として、「統帥権干犯問題」と「天皇機関説事件」があります。「統帥権干犯問題」は１９３０年（昭和７）に起こりました。当時の二大政党下での与党・立憲民政党と野党・立憲政友会との政争のなかで、浜口雄幸内閣がロンドン海軍軍縮会議で締結した内容に対し、野党・立憲政友会が海軍軍令部の反対を無視した条約締結は「統帥権の干犯」であると非難しました。

当時の行政・外交・軍事の最高の決定権者は国家主権をもつ天皇でしたが、実質的には内閣総理大臣が提案し、議会の賛成を得て、最後は天皇が承認を与えるものでした。国家作用としての行政は軍事も含めて、天皇への輔弼（ほひつ）として、内閣が決定し、議会が賛成する形で天皇に上奏し、裁可を仰ぐ形で運用されていました。軍部の力が強くなるなかで、統帥権は軍事の策戦用兵の専門領域であり、専門家である軍部が直接、天皇を輔弼する考えが台頭する状況下、浜口内閣が立ち往生すれば、政友会に政権が転がり込むとの党利党略的な政治判断に基づく非難でした。

これは、議会自身が統帥権については国会の賛成を必要としないと認めたことになり、犯すべからず「天皇の統帥権」を輔弼という形で軍部が利用することにつながっていきました。当時の政友会のリーダーであった犬養毅は、後に総理大臣となり、１９３２年（昭和７）に発生した五・一五事件で軍部若手将校に暗殺され、政党政治が終焉するという皮肉な結果となりました。

軍部の専横・暴走を決定づけた天皇機関説事件

「天皇の統帥権干犯問題」に引き続き、１９３５年（昭和10）に、天皇機関説を唱える東大教授で貴族院議員である美濃部達吉が国会で糾弾されるという「天皇機関説事件」が起こりました。憲法学者の宮沢俊義氏は、『天皇機関説事件―史料は語る―（上）』（有斐閣）の中で次のようにまとめています。

国家学説のうちに、国家法人説というものがある。これは、国家を法律上一つの法人とみる。国家が法人だとすると、君主や、議会や、裁判所は、国家という法人の機関だということになる。この説明を日本にあてはめると、日本国家は法律上は一つの法人であり、その結果として、天皇は、法人たる日本国家の機関だということになる。

美濃部達吉は「国家は機関によって行動し、日本の場合、その最高機関は天皇である」、「統治権を行なう最高決定権たる主権は、天皇に属する」とし、天皇制を肯定しています。

この天皇機関説に対し、天皇の王道的統治を説き、天皇と国家を同一視し、「天皇は天皇自身のために統治する」、「天皇は国務大臣の輔弼なしで統治権を勝手に行使できる」と主張する学者もいましたが、美濃部達吉の天皇機関説が大勢の支持を得て、通説とされていました。美濃部達吉は天皇制を肯定しているものの、天皇自身のための統治や統治権の勝手な行使は認めておらず、天皇の勅語であっても批判は許されるとの考えでした。この天皇機関説は民本主義とともに、議院内閣制の慣行・政党政治と大正デモクラシーを支えていました。この時期の摂政で後の昭和天皇は天皇機関説を当然のこととして、受け入れていたといわれています。

政党政治の不毛な争いのなかで、軍部が台頭し、軍国主義が支配的になり、天皇を絶対視する思想が力を増してきました。1932年（昭和7）に起きた五・一五事件で犬養毅首相が暗殺され、政党政治が崩壊するなか、1935年（昭和10）に貴族院で天皇機関説が公然と排撃され、主唱である美濃部達吉は弁明に立たされます。その結果、美濃部達吉は不敬罪の疑いにより、取り調べを受け（起訴猶予）、貴族院議員を辞職します。これを契機に天皇を絶対化し、天皇の統帥権は不可侵のもので、軍部は天皇の統帥権に直属するものであるとし、議会が軍部の行動に異議を唱えるのは統帥権干犯として、軍部の専横・暴走が始まりました。天皇機関説事件は、憲法上の天皇主権の解釈を、政治実務は臣下に任せ裁可を与える国家の機関であるという説から、天皇の主権は不可侵で絶対的という説への重大な変更であり、時代の重要な岐路になったといえます。

四　太平洋戦争に至る歴史

明治維新から第一次世界大戦までの勝利の歴史

明治維新以降の日本が歩んだ道は、このままでは欧米列強の植民地にされてしまうのではないかという恐怖心・警戒心で富国強兵策を採り、その過程で１８９４年に朝鮮の宗主国であった清との間で覇権を争う日清戦争が起き、１９０４年に南下政策を推進している帝政ロシアとの間で朝鮮の支配権を巡っての日露戦争が起きました。日清戦争勝利後の下関条約で清朝から割譲された台湾を1895年に、日露戦争勝利後の1910年に大韓帝国との条約により、大韓帝国を併合しました。

1914年にヨーロッパで勃発した第一次世界大戦では、日本は同盟を結んでいた英国側の連合国として参戦し、ドイツの租借地であった中国の山東半島や太平洋の南洋諸島を攻めました。戦後、日本は英国、フランス、イタリアとともに国際連盟の常任理事国（米国は国際連盟に不参加）となり、世界列強の仲間入りを果たし、中国の山東半島の権益を確保し、国際連盟の委託を受け、旧ドイツ領南洋諸島を統治することになりました。この時代までの戦争は政治家たちが主導するものでした。

政党政治の終わりと軍部の台頭

明治維新を成し遂げた元勲がなくなり、党利党略による政党政治や財閥の私利私欲に対する怒りと困窮する農民や貧民への義憤に乗じ、軍部が政治に介入するようになりました。1930年（昭和5）「統帥権干犯問題」が起き、政党政治の舞台である国会が統帥権は国会や内閣の賛成を必要としない、犯すべからぬ天皇の特権であると認めたことから、天皇の絶対的特権としての統帥権を悪用し、政治的軍事行為を含めて、軍部による内閣や国会を無視した暴走が始まるきっかけとなりました。

１９３２年（昭和７）には、ロンドン海軍軍縮会議の結果に不満をもつ海軍若手将校らが主導する五・一五事件が起こり、犬養毅首相が暗殺されました。

１９３５年（昭和10）には、「天皇機関説事件」が起き、主唱者の美濃部達吉が国会で非難され、貴族院議員を辞職。天皇の権限を絶対とする思想が決定的となり、天皇の絶対的権限を軍部が悪用できる状況が強化されました。

１９３６年（昭和11）には、「昭和維新・尊王斬奸」をスローガンに掲げた陸軍若手将校たちによる二・二六事件が起き、高橋是清大蔵大臣、齋藤實内大臣らが殺害されました。

中国侵略から第二次世界大戦突入への道

これらと並行して、軍部は１９２８年（昭和３）に、満州を実効支配していた軍閥の張作霖を列車ごと爆殺する事件を起こしました。さらに１９３２年（昭和７）、満州の権益拡大を狙い、満州奉天郊外の柳条湖で南満州鉄道を爆破させ、中国軍の仕業とし、満州の治安を守るためとの大義名分を掲げ、軍事行動を起こしました。日本政府は不拡大方針を採りましたが、関東軍は独断で軍事行動を続け、満州をほぼ制圧しました。

これは満州事変と呼ばれ、翌年、関東軍主導のもと、清朝最後の皇帝・愛新覚羅溥儀を国家元首とする傀儡政権である満州国を建国しました。これに抗議する中華民国の要請を受け、国際連盟から派遣されたリットン調査団は「日本の満州における特殊権益は認めるが、満州事変は正当防衛に当たらず、満州を中国に返還した上で日本を含めた外国人顧問の指導下で自治政府を樹立されるべき」との見解を示し、日本以外の反対票がないなか、日本は国際連盟を１９３３年（昭和８）に脱退します。

１９３７年（昭和12）に北京郊外で演習していた日本軍が、中華民国軍が支配している後方陣地から射撃を受けたことをきっかけに、日本軍と中華民国軍は戦闘状態となりました。当初は小競り合いの状況で一時は停戦協定も結ばれましたが、軍部が主導する中国への侵略に対する中国側の反感・恨みから、中国居留日本人に対する殺人・暴行・虐殺が起き、これに対する日本側の反撃が拡大し、「支那事変」と呼ばれる日本と中華民国軍との全面戦争に入っていきました。欧米列強は中華民国を支援し、日本は国際的に孤立していきました。欧米列強の中国支援は、日本の中国での権益拡大により自国権益が損なわれることや軍国主義・全体主義国家として膨張していく日本への警戒から出たものでした。

１９２９年（昭和４）に米国でニューヨーク株式市場大暴落を引き金とする世界経済大不況が発生し、米国への輸出に大きく頼る日本も大不況に陥りました。さらに、米国や英国は自国や植民地の経済を守るため、それ以外の国からの輸入品に対し、高い関税を課すブロック経済を敷きました。このような状況下、資源を海外に依存し、輸出で外貨を稼いでいた日本は、資源と輸出先を求め、中国や東南アジアに活路を求め、侵略していかざるを得ない状況に追い詰められていました。

このような状況は遅れて経済発展をし、海外に植民地が少ないドイツやイタリアも同じであり、「持たざる」国家グループとして、日独伊三国軍事同盟を締結するに至りました。まず、ヒトラー総統が率いるドイツが欧州で第二次世界大戦の先端を開きました。日本も原油の供給を米国・英国・オランダから止められる苦境に追い込まれて、最後は１９４１年（昭和16）に米国・ハワイの真珠湾攻撃を行ない、一か八かの太平洋戦争に突入し、第二次世界大戦に参入する結果となりました。

五　国際情勢下での国内状況の戦前・戦後の比較

１つめの視点は、日本を取り巻く国際情勢下での国内状況の戦前と戦後の比較です。明治維新以降、第二次世界大戦敗戦までの日本を取り巻く国政情勢は、欧米列強によるアフリカやアジアの植民地獲得競争が展開されており、日本の思想・文化・政治の師であった偉大な中国が無残にも欧米列強に蹂躙・浸食されている状況でした。そのような国際情勢下、日本は植民地化を逃れるために国力を総動員し、富国強兵策を採り、その結果、近代化・工業化に成功し、第一次世界大戦後は国際連盟の常任理事国4カ国の中の1カ国となるまでに国際的地位を上げていきます。日清戦争・日露戦争で多くの犠牲を払い、欧米列強との熾烈な経済・軍拡競争を凌ぎながら、築き上げた日本の状況でした。

ただ、日本は近代化・工業化を成し遂げたとはいえ、国民の生活は苦しく、ひとたび、干ばつ・地震等の大災害や不況が発生すると、農民や貧民は生活に困窮する状況でした。明治維新の元勲たちは日露戦争の勝利は日英同盟や帝政ロシアの政治状況に助けられ、辛うじての勝利だったとの認識をもっていました。

神国・不敗意識による戦略なき侵略と戦争

第一次世界大戦の戦勝国となった連合国側に加担し、戦時需要による経済発展と安易な勝利を得てからは、神国の不敗神話を妄信し、次第に実力を過信する風潮が軍部を中心に大きくなっていきました。

日本が台頭するなかで、欧米列強との利害対立は避けられないものですが、日本の国力を冷静に客観的な目で判断すれば、ぎりぎりのところでの折り合いはつけられた可能性もあります。米国の策略にのせられ、日英同盟を破棄したことも欧米列強との共存をはかるパイプを喪失することになりました。また、満州国のリットン調査団の見解に対する対処においても、満州国は認められなかったものの、満州における日本の特殊権益は容認されており、中華民国の自治国に対する外国顧問としての関与の道も残されており、冷静に客観的に判断する目があれば、別の道を歩めた可能性はあります。

蛇足ですが、もし、欧米列強との共栄共存の妥協の道を辿っていれば、第二次世界大戦への道は避けられた可能性はあったかもしれませんが、その場合は、第二次世界大戦後に日本は植民地や併合した国家との植民地独立戦争に入り、別の形での多くの戦傷者や他国領土の荒廃をもたらす結果になっていただろうと想定します。

当時の日本は冷静的・客観的な視点をもつ政治家・学者・ジャーナリスト・海軍の軍人たちもいましたが、狂信的不敗神話を信じ、天皇を中心とする国家主義思想に染まった軍人たちの国会や内閣を無視した独善・暴走の前に歯止めとはなり得ませんでした。欧米列強との熾烈な競争のなかで、妥協を図らない戦略なき姿勢で、最後は米国との一か八かの戦争に突入することになりました。

侵略的戦争の動機となる国民生活の困窮がない現在の日本

今の日本に侵略的戦争を行なわなければならない必要性が存在するでしょうか。生存をかけての侵略的戦争は現状ではありえないとみるのが妥当だと思います。国民生活をみると最近は経済格差が拡大していますが、それでも、生命の存続が脅かされるような絶対的貧困ではありません。日本の戦前は幼い子どもを口減らしのため、女中や奉公に出したり、場合によっては遊郭に売ったりすることも珍しくはありませんでした。農業では土地をもたない小作人が多く、食うや食わずの生活であり、多くの工場では低賃金で過酷な労働を強いられていました。そのような希望のない追い詰められた状況では、国家の発展と個人の豊かさへの渇望が一体化した国家的野望に積極的、またはこれに結果的に多くの人が協力し、他国の被害や迷惑には無関心で侵略を進めていったと考えられます。今の日本は、生命存続の脅威を感じるような絶対的貧困はなく、国民の生命をかけるような戦争をする必要がない状況です。

資源確保のための侵略的戦争の必要性がない現在の日本

日本の戦前の戦争のもう一つの要因は、資源をもたない国家の資源確保です。国内に乏しい資源を求めて、海外に侵略していき、その途上ですでにアジアの多くの国や地域を植民地としていた欧米列強との間で覇権争いになりました。日本のアジアへの侵略に対し、脅威を感じた欧米列強は石油等の資源を日本が確保困難なブロック経済体制を構築し、その結果、行き詰まった日本は一か八かの太平洋戦争に突入しました。

今は幸い、自由貿易体制が確立し、資源はお金で自由に確保できる時代です。あえて、資源確保のために、軍事力で他国を侵略する必要はありません。また、巨額の軍事力を使用し他国を侵略・支配するコストより、自由貿易という経済合理性のなかで資源を確保したほうがはるかにコストがかかりません。自由貿易体制が存続している限り、資源は軍事力でなく、経済合理性と国際的信用で確保できます。

六　民主主義成熟度についての戦前・戦後の比較

戦前と戦後の憲法の違い

2つめの視点は、政治家や軍部の横暴・暴走を抑止する国民主権の民主主義政治の成熟度についての戦前と戦後の差です。

まず、憲法そのものに、戦前と戦後の民主主義政治の大きな差があります。戦前の大日本帝国憲法は立憲君主制であり、戦後の日本国憲法は立憲民主制という大きな違いがあります。大日本帝国憲法における天皇の権限は絶対的で、軍隊の統帥権を保有し、外国との条約締結も議会の承認を得る必要がないものでした。英国やフランスの憲法での立憲君主制はその憲法制定の歴史的経緯から君主の横暴・専制を抑制するものでしたが、大日本帝国憲法では、天皇の権限は神聖で絶対的でありました。しかし、実質的運用にあたっては、天皇が単独で行使することはなく、行政の責任者である内閣総理大臣が決定し、議会が賛成し、天皇に上奏し、天皇の裁可を得る政治的決定プロセスをとっていました。

ところが、明治維新の元勲が次々と他界し、政治的野心をもつ軍部幹部が台頭してきます。党利党略の政党政治や財界の私利私欲的行動に対し、不満をもち、困窮する国民の姿に義憤を感じる軍部若手将校のクーデター事件が起き、軍部の発言力が強まり、大日本帝国憲法における天皇の絶対的権力が、軍部に利用される状況になっていきました。

「統帥権干犯問題」や「天皇機関説事件」は軍部が天皇の絶対権限を悪用していく過程で大きな役割を果たしていきました。戦前の大日本帝国憲法には、天皇の絶対的権力が明記されていたことが、軍部が天皇の絶対的権力を悪用できる下地になっていました。

これに比較し、戦後の日本国憲法においては、国民主権が明記されており、天皇は国民統合の象徴であり、天皇の行なう国事行為は内閣の助言と承認に基づいて行なわれるものです。大日本帝国憲法では天皇主権国家であり、民主主義は保障されていません。一方、日本国憲法では、国民主権が明記されており、国民の選挙による民主主義政治が明示されています。戦後の日本においては、政治家の横暴・暴走は国民の選挙で抑止・判断される民主主義は定着していると判断してよいかと考えます。

民主主義が機能している現在の日本

たとえ、民主主義が定着していても、戦前の日本やドイツのように国民が時の政府の政治スローガンに惑わされ、誤った選択をする恐れも確かに否定できません。それは国民の多数決により、政治家が選ばれ、政策が選定されていく民主主義が構造的にもつ危険性といえます。民主主義のこの構造的欠陥を防ぐための方法としては、憲法で普遍的理念や基本的原理・原則を規定し国民の暴走を抑止するとともに、十分で適正な情報提供を受けての国民自身の判断能力を信用するしかありません。

戦後日本の民主主義の反映としての政党選択

戦後の政党選択において、国民は全体として適切な判断を下してきたと判断されます。自民党政権の堕落・腐敗・横暴を感じ、代わりの政権が必要なときは、政権交代の意思を選挙を通じて、明確に示しています。

１９９３年の衆議院議員総選挙で、自民党の一部議員の離党・新党結成の影響もあり、自民党の獲得議席数は全体の４割余りとなり、非自民党連立の細川政権が誕生しています。細川政権の誕生により、自民党は1955年の結党以来、初めて政権の座を明け渡し、下野することになりました。

2009年の衆議院議員総選挙では、自民党長期政権に対する飽きや失望、そして政治に新しい風を期待する国民の民意の表われとして、民主党が圧勝し、民主党政権が誕生します。自民党結党以来の長期の一党政権時代が続くなかで、二大政党による政権交代が期待されるようになり、自民党に代わる政権与党として国民が期待をして選択したものです。

細川政権は単に非自民で結びついた8党の政党が連合を組んだ野合政権で、政権獲得後は、各党の政策の乖離が露呈し、政策合意もままならず、9カ月の短期間で政権の座を降ります。その後、成立した羽田政権も連立から離脱する政党が出て、わずか、2カ月の短命政権で終息します。その後に、政権に復帰したい自民党は社会党、新党さきがけとの連立を組み、社会党委員長の村山富市氏を首班とする村山内閣を誕生させます。

民主党政権も政権獲得後に、政権与党としての経験・能力不足や公約との乖離が露呈するようになり、鳩山政権・菅政権・野田政権を経て、3年4カ月で自民党に政権を明け渡すことになりました。民主党政権が短命に終わった他の理由としては、自民党を離脱した小沢一郎の保守本流の一部やリベラル・中道左派までを含む政党となり、政策面での不一致や党内の争いがあり、党から離脱も相次ぎ、党勢を弱めていったこともあげられます。

自民党政権は今後も安泰か

今の安倍第二次政権が一強体制となっているのは、安定した政権運営能力・外交政策の安定性・経済政策の成果もありますが、非自民党連立細川政権や民主党政権で見せつけられた政権獲得後の公約との乖離や政権与党としての能力・人材不足に対する失望と、相対的に安心感をもてる自民党への消極的支持という面もあります。自民党の行き過ぎた政策・腐敗・不正が顕著になり、自民党の受け皿となる政党があれば、国民は選挙で自民党に政権交代を突きつける可能性は大いにあります。

日本の戦後の民主主義は十分に定着しており、国民の選挙により、行き過ぎた政策・腐敗・不正に対して審判を下す能力は確実に存在しています。今の日本国民は客観的で冷静な判断能力を十分に身につけています。

七　軍人の意識についての戦前・戦後の比較

戦前の若手将校の思いと軍部上層部の野心

3つめの視点は、戦前の軍人と今の自衛隊員の意識・行動様式の違いです。

戦前の軍人たち、とくに若手将校は、党利党略的政争を繰り返す政治家や政党に対する不信感、利益で動く財界人に対する嫌悪感、経済的に困窮する農民や労働者への同情から、自己の利益を超えた義憤心によって、国家のため、国民のためとの思いで決起したものと思われます。そこには、自己利益や保身で動く政治に対し、自分たちが行動しなければとの切羽詰まった思いがあったと思われます。また、軍部上層部は、私利で動く政治家や財界人を見て、不信感をもつとともに、自分たちのほうが軍事だけでなく、政治もうまくできるとの自負心と野心をもって、行動したものと思われます。

自衛隊員の意識と行動様式

西谷修東京外国語大学名誉教授は、『「改憲」の論点』（木村草太・青井未帆ほか、集英社新書）の中で次のように述べています。

戦後、朝鮮戦争を機に作られた自衛隊は、日本軍との法的、組織的な連続性はありませんが、旧日本軍の人材をもとに作られており、そのため隊の要職を務めて政治家になるような人たちの発言には「懲りない日本軍のゾンビ」のような傾向が多々見られます。

西谷修氏が言及しているように、自衛隊新設の際には、経験者としての旧日本軍の人材が採用されたとは思いますが、そのことが戦前の日本軍の体質を復活させた具体例が今の自衛隊にあるようには思えません。また、西谷修氏が指摘するような政治家も存在しますが、それが、現在の自衛隊員の実像を示すようには思えません。

今の自衛隊員たちは、民主主義社会の中で成長し、文民統制を理解し、節度や良識をもっています。国際平和維持活動で海外に派遣された自衛隊や隊員たちに対し、統制がとれた集団であり、隊員たちは使命感をもち、規律や節度がある行動をしているというのが海外からの評価です。また、多くの情報がある社会ですので、たとえ、一部の狂信的な上官が指示しても、組織として動くことは考えられません。

三島由紀夫事件での自衛隊員の反応

このことに関連して、思い出されるのは「三島事件」です。１９７０年に、作家・三島由紀夫が、憲法改正のために自衛隊の決起を呼びかけたあとに割腹自殺をした事件が起きます。三島由紀夫は陸上自衛隊市ヶ谷駐屯地を訪れ、総監を人質に自衛隊員たちを集めさせ、バルコニーに立ち、自衛隊の存在を否定する憲法を改正するための決起を呼びかけます。三島由紀夫の死を覚悟した必死の訴えでしたが、自衛隊員の目には、狂信的な文学者として映り、三島由紀夫の呼びかけに対する答えは非難の罵声でした。この事件に関しては、政治的・文学的な立場からさまざまな意見があります。ただ、現場の自衛隊員からみれば、同調や共感を喚起させることのない、現実離れした呼びかけにしか感じられなかったことに戦後の自衛隊員の意識を感じます。

八 国家思想についての戦前・戦後の比較

戦前の国家思想

４つめの視点は、戦前と戦後における国家に内在する思想的背景の違いです。戦前の日本では、天皇を中心とする国体の下、国粋主義・全体主義的思想が主流を占め、北一輝・大川周明等に代表される国粋主義・右翼思想家が軍人たちに影響を及ぼし、五・一五事件や二・二六事件に代表される軍事クーデターにおける思想的基盤となっていました。戦後の日本にも、右翼思想や国粋思想は存在しますが、国家の主流を形成するような状況でもなく、三島事件での自衛隊員の反応から判断してもその影響は認められません。

美しい日本の再建と誇りある国づくりをめざす「日本会議」

現在の日本でも右翼団体が存在し、時折、大きな音響を出しながら走る街宣車や駅前広場で熱弁をふるっている右翼活動家を見かけます。

「美しい日本の再建と誇りある国づくり」を掲げ、政策提言と国民運動を展開している「日本会議」という大きな団体が存在します。「日本会議」は会員約四万人を擁し、財界人・政治家・大学教授・作家たちが役員に名前を連ねていますが、「神社本庁」の幹部も構成要員として、大きな勢力をもっているのが特徴です。「神社本庁」とは、伊勢神宮を本宗とし、日本各地の神社を包括する宗教法人です。日本で約八万社ある神社の中で7万9000社以上が加盟する非常に大きな団体です。「日本会議」は「美しい日本の再建と誇りある国づくり」を掲げており、思想的には右翼で復古主義と位置づけられています。皇室に関しては、男系天皇による安定的継承・皇室の地方行幸の際の奉迎活動を主張しています。現行の日本国憲法に対しては、戦勝国・米国の押しつけ憲法であるとし、歴史と伝統に基づいた、新しい時代にふさわしい新憲法の制定を要求しています。教育については、先の太平洋戦争は日本が一方的に悪いという終戦直後から主流を占めた自虐的歴史観に異議を唱え、歴史教育の是正を主張しています。戦後は米国流の個人主義が蔓延し、戦前の敬愛や親密な家族関係が喪失し、社会も相互補助的関係が薄くなっていると考えています。教育体系の中に、「公共心」「愛国心」「豊かな情緒」を育む内容を盛り込み、学校における国旗掲揚や国歌斉唱を推進していくことが必要としています。歴史認識においても、太平洋戦争を一方的に断罪する日本の謝罪外交は、国の歴史や国難に尊い命をささげた戦没者をないがしろにしているとしています。そのような歴史認識のもとに、内閣総理大臣の靖国神社の公式参拝の実現を主張しています。

「日本会議」の憂いと反対派の警戒心

このような考え方をもつ「日本会議」の大会にメッセージを送る安倍首相の姿勢が、左派・リベラル・護憲論者たちに対し、警戒心や不信感を喚起させる要因になっています。「日本会議」の憂いは戦後の行き過ぎた個人主義により家族関係は疎遠で道徳心や公共心は希薄となり、自虐的歴史観により愛国心は浅薄になり、自国の文化・伝統に対する誇りをもてず、日本国民のアイデンティティが喪失されていることです。

「日本会議」はこのような日本の状況を憂い、戦前の古き良き伝統・文化を復活させ、日本人のアイデンティティを取り戻そうとする運動を展開しています。このような動きは、他国を武力で侵略していくことまでは意図しているとは断定できませんが、左派・リベラル・護憲派の人たちは、日本が次第に戦前の軍国主義・全体主義に傾いていった状況を想起し、武力的侵略に繋がる道を歩んでいると警鐘を鳴らし、反対を主張しています。

価値観の違いと選択の自由

戦前の伝統や文化を重んじる美しい日本が本当によいのか、現在の個人の自由を大事にする考えがよいのかは個人の価値観の差であり、いずれにしても、今後の若い世代の人が選択する問題で、古い世代の人たちが自分たちの価値観を押しつけても、成功するものではありません。

「日本会議」の主要構成メンバーである「神社本庁」としては、神国思想・天皇を宗家とする家族主義は神社の根底を支えるものであり、全国で8万といわれる神社の死活問題でもあります。観光名所として有名な神社は別として、多くの神社は、収入を支えてくれる氏子の減少・祭事の減少により、財政難に直面し、神官・宮司としてだけでは生活できない状況で後継者がいなくなってきている現状があります。

現行の日本国憲法では、政教分離が謳われており、特定の宗教組織に対する政府からの経済的援助を禁止されています。美しい日本の復帰に名を借りた政府の特定宗教組織への経済的援助に対し、国民の監視の目は重要です。政治に宗教が結びついた悲惨な結果は過去の歴史および現在の国際情勢が証明しています。現在の日本の状況は、多くの人が価値観・思想・宗教・信条の自由がもたらす恩恵を意識しており、特定の価値観・思想・宗教・信条の押しつけに対する抵抗意識が強く、また、冷静で客観的な判断能力を有しています。

総合的視点に立った憲法改正の危険性判断

国際情勢下での国内状況・民主主義成熟度・軍人の意識・国家思想についての4つの視点から判断して、自民党政権、とくに第二次安倍政権の政治的活動や新法策定が戦前の日本の軍国国家・全体主義国家への道程のどこまで進んでいるのかという認識の差だろうと思います。自民党政権、とくに安倍第二次政権の政治的動きの変遷の中に、過敏・過激に反応し、警戒心・恐怖心・不信感を強める人たちと国際情勢の変化の中で、国家の主権や国民の自由・安全・財産を守るための現実的対応と判断する人たちがおり、国民一人一人がどのように判断するかの問題だろうと思います。

第七章　現行憲法に追加したい項目

一　追加が論議されている項目

安倍首相の意向を受けた自民党憲法改正推進本部は、２０１８年（平成30）３月に、憲法改正の４つの優先項目を発表しました。４つの優先項目は、①安全保障に関わる「自衛隊」、②統治機構のあり方に関する「緊急事態」、③一票の格差と地域の民意反映が問われる「合区解消・地方公共団体」、④国家百年の計たる「教育充実」です。

このほか、各政党や有識者の間で憲法改正が提唱されている項目として、憲法違憲行為を判断する「憲法裁判所の設置」、世界の先進諸国で進んでいる「死刑制度の廃止」や「原子力発電の放棄」、憲法の曖昧な記述の中で総理大臣の専管事項化している「衆議院解散権の明確化」、地方自治権の拡大を目指す「統治機構改革」、人類の共通財産である地球環境保全を求める「環境権の設置」、自らの情報をコントロールする権利としての「プライバシー権」等々があります。

令和２年に発生した新型コロナウイルス感染症大流行に対する日本政府の対応についての批

判・反省から、今後、憲法の中に「緊急事態条項」を加えるべきかについての論議が始まると考えられます。この「緊急事態条項」に加え、私が追加すべきと考えている「教育の完全無償化」と「国際平和構築への貢献」について、見解を紹介させていただきます。

二　憲法に緊急事態条項を追加すべきか

新型コロナウイルス感染症大流行で露呈した日本の法体系の曖昧さ

２０１９年（令和元年）12月に中国武漢市で発生し、世界中を大混乱に陥れた新型コロナウイルス感染症の対応として出された緊急事態宣言（欧米の場合は非常事態宣言）の内容が、欧米諸国と比較し、日本だけは大きく相違していました。世論調査によると、緊急事態宣言の発出には約８割の国民が賛成するとともに、遅すぎると判断し、かつ、その内容については、過半数の人が不十分と回答しています。

日本の緊急事態宣言は、外出自粛・店舗の営業自粛・各種イベント開催自粛等の要請であり、具体的な罰則を伴わない内容です。それに対し、欧米主要国の非常事態宣言は、罰金等の罰則を伴う強制的な外出禁止・営業禁止、都市封鎖等の内容です。日本の緊急事態宣言の法的根拠は、新型インフルエンザ流行に対応するために平成24年に制定された「新型インフルエンザ等対策特別措置法」です。令和2年に発生した新型コロナウイルス感染症を「新型インフルエンザ等対策特別措置法」の適用範囲に加える改定が令和2年3月13日に国会で承認されました。なぜ、国民の多くが不十分と感じる内容の緊急事態宣言の内容になっているのかは、その法律の内容の曖昧さに起因しています。「新型インフルエンザ等対策特別措置法」第一章第五条「基本的人権の尊重」に次のように規定されています。

国民の自由と権利が尊重されることに鑑み、新型インフルエンザ等対策を実施する場合において、国民の自由と権利に制限が加えられるときであっても、その制限は当該インフルエンザ等対策を実施するために必要最小限のものでなければならない。

「必要最小限度」という極めて曖昧で抽象的表現が足かせとなり、国民に対する強制力や罰則規定を伴わない要請という形になっていると思われます。

法律がこのようになっているのは、法体系の最上位にある憲法に由来しています。日本国憲法第十三条に次のように規定されています。

すべての国民は、個人として尊重される。生命、自由及び幸福追求に対する国民の権利については、公共の福祉に反しない限り、立法その他の国政の上で、最大の尊重を必要とする。

「公共の福祉」と「最大の尊重」の関係が解釈の仕方により、大きな幅があり、公共の福祉を優先させなければならない非常事態においても、国民の個人としての権利を考えすぎた結果、強い「強制」ではなく、中途半端な「要請」という形になっているのが日本の実状です。

新型コロナウイルス感染症に対応した緊急事態宣言の内容が不十分と日本国民の過半数が感じるのは、憲法・法律の立て付けが政府を縛っているからと理解すべきです。日本国民は強制という形でなく、要請でも同様な効果が発揮できる高い公共的道徳心をもっているから、それでも十分であるとの考え方もあります。

新型コロナウイルス感染症大流行に対する日本政府の対応についての問題点が検証され、将来も発生が予想される感染症に対する法律の改定がなされると思います。今後、日本は海外からの労働者受け入れが拡大し、従来の国民の良識や道徳の高さに依存した要請という緩い規制でなく、多くの諸外国が実施したような罰則と補償を明確に規定した法律が必要になると判断されます。法律の改定に当たっては、現状の憲法の内容から判断し、違憲なのか合憲なのかの検討と議論がなされると思います。日本国憲法に対する国民の関心が深まるとともに、現行憲法の内容が試されることになります。

緊急事態条項とは

緊急事態条項とは、令和元年に発生し、社会に大混乱を巻き起こした新型コロナウイルス感染症の大流行、平成23年に発生した東日本大震災のような大型の災害のほかに、内乱・テロ・戦争といった緊急事態に日本が直面した場合に、平時とは異なる権力を統治機構に委ねるといったものです。

確かに、災害の多い日本では、国民の安全を守り、早期復旧を図るという意味では、平時と異なった権限を政府に与える必要性については、ほとんどの人が賛成するでしょう。大災害時に道に放置された車を所有者の了解なしに撤去したり、緊急用の道路を確保するために土地所有者の了解なしに暫定的に使用したり、被災者たちへの食料・物資を確保するために必要な予算措置を議会の承認なしに政府が行なうことの必要性は否定のしようがありません。

また、新型コロナウイルス感染症のような重大な被害をもたらす感染症の爆発的流行に対応する手段として、外出制限、営業制限、治療用物資や生活必需品の政府による統制・管理、治療目的のための用地や建物の一時的収用も当然、必要なことです。

緊急事態条項を国家権力に与えることの危険性

問題は、このような緊急事態に際して、国民の権利や財産を一時的とはいえ、放棄させる権限を国家に与えることを憲法で認めることがよいかどうかということです。時の政府が緊急事態と認定した瞬間に、行政が司法と立法の上に立ち、三権分立機能が喪失し、国家の危機の大義名分のもと、個人の人権や財産を放棄させられる事態になりかねません。憲法で緊急事態時の統治機構の特権を認めることは、悪用される危険性が存在します。

戦前の大日本帝国憲法下で、国家非常事態という理由で、「国家総動員法」が発令され、軍部を中心とする政府が人的・物的資源を統制運用できたことがその事例です。また、戦前のドイツのヒトラーの台頭もワイマール憲法が悪用された例です。第一次世界大戦後のドイツの経済的苦境のなかで、ワイマール憲法四十八条の大統領緊急令が乱発され、最後は内閣に立法権を委任する全権委任法にいきついた顕著な事例があります。

憲法に緊急事態条項を入れるかどうかの判断

欧米のほとんどの国は憲法に非常事態条項（日本での緊急事態条項）があります。しかしながら、日本の場合は、憲法に緊急事態条項を入れることに対し、警戒心・不安心から、反対する政党・有識者・国民が少なからず存在し、憲法改正のハードルの高さを考えると、緊急事態条項を憲法に入れる改正は簡単ではないかと思われます。新型コロナウイルス感染症に対する政府対応の不十分さの原因となった現行の法律を改定するには、憲法に緊急事態条項を加える必要があるとの意見があります。一方、これに対し、現行憲法の規定範囲内で、法律改定は可能で、憲法改正のために利用するものと警戒する論調がすでに出ています。

このような日本の状況に対して、緊急事態に対応できる法体制を整えるにはどうしたらよいのでしょうか。私の提案は、憲法に緊急事態条項を入れるかどうかの議論の前に、法律のレベルで重大な感染症に関する法律の改定を開始し、その内容が現行憲法の内容に抵触し、憲法違反にならないかを審査していく手順です。今回の新型コロナウイルス感染症に対する緊急事態宣言内容の実行過程で生じた多くの問題点を検証し、諸外国との非常事態宣言内容とも比較することにより、必要な改善点が浮き彫りになると考えられます。その改善点を法律の改定のなかで、反映していくことになります。

新型コロナウイルス感染症に対しての緊急事態宣言の内容に関しては、罰金・罰則を伴う強制力強化、営業や生産活動制限に伴う国民・個人事業主・企業に対する政府補償の内容や手続き、危険を伴う医療従事者に対する危険手当や医療施設に対する財務的支援、防護服・医療用マスク・消毒液・酸素吸入器等々の医療用物資や機器の政府管理の下での適正分配、マスクやトイレットペーパー等の不足で顕在化した生活必需品の政府統制による適正分配、治療用の施設のための民間所有建造物や土地の一時的強制収用等々、多くの改善点があります。
その適用によっては、個人の権利・自由・財産が制限されることも当然あります。現行の日本国憲法の第三章「国民の権利及び義務」で個人の財産権・基本的人権・各種の自由は保障され、一方、個人のこれらの権利も第十二条および第十三条により、公共の福祉に反する乱用は制限されています。
すでに第十二条は紹介していますので、第十三条だけをここでは記載します。

第十三条　すべて国民は、個人として尊重される。生命、自由及び幸福追求に対する国民の権利については、公共の福祉に反しない限り、立法その他の国政の上で、最大の尊重を必要とする。

感染症に対する法律の改定にあたって必要と判断された内容が、憲法の関連する条項に照らし合わせ、違憲か合憲かを議論・審査し、違憲と判断されれば、憲法改正を検討していく手順になろうかと思います。この手順は、憲法で原理原則を定め、それに従い法律を制定する本来の方法と逆になりますが、日本の場合においては、現実的手法と思われます。

三　教育の完全無償化

経済格差が生み出す教育格差

憲法改正時にぜひ、追加して欲しい項目は、教育の完全無償化に向けての国の努力義務です。現行憲法で、精神的な面では、基本的人権は保障され、法の下で平等に扱われ、人種・信条・性別・社会的身分または門地により、政治的・経済的または社会的関係において差別されないことが保障されています。さらに思想・良心・信教・言論・学問の自由も保障されています。社会生活の面でも集会・結社・出版・職業選択・居住地選択・両性の合意に基づく婚姻の自由も認められています。

経済的な面では、財産権・相続権が保障され、すべての国民は健康で文化的な最低限度の生活を営む権利が保障され、生活保護が支給されています。

最近、問題となっているのが資本主義の利潤追求の結果として生じてきた経済格差です。行き過ぎた資本主義の結果としての経済格差については、本来、国家として企業や富裕層に対し累進課税を行ない、富の再分配を実施すべきです。しかしながら、経済がグローバル化した現在の世界情勢下では課税対策的抜け道は多く、国単位での課税政策が効力を発揮できない状況に陥っています。富裕層への累進課税に対しては、税金の安い国への住居移転や課税逃れの海外への資産移転が行なわれます。タックスヘイブン（租税回避地）で有名な英領ケイマン諸島に流れている日本の金が２０１６年の財務省の発表で約74兆円あるとされ、日本の国家予算の約7割に相当する巨額さです。企業に対しても、税率を上げると税率の低い国外に移転され、逆に税収減少や失業率増大を招く結果となり、有効な手がない状況です。

自由競争の市場経済と利潤を追求する資本主義経済体制のなかでは、経済格差が発生するのは避けがたく、経済的貧困層に対しては、健康で文化的な最低限度の生活を保障する生活保護金が支給されていますが、問題にしなければならないのは、親の経済格差が生み出す子どもの教育格差です。労働需要の減少や賃金低下に伴い、日本の社会も勝ち組と負け組といわれるような経済格差二極化が進展しています。このことは、世帯の等価可処分所得の中央値の低下や相対的貧困層比率の上昇が如実に物語っています。等価可処分所得とは、世帯の可処分所得（収入から税金と社会保険料等を引いた可処分所得）を世帯人数の平方根で割って算出した数字です。厚労省が発表した報告書によると、中央値は1９９７年の２９７万円をピークに、２０００年は２７４万円、２００３年は２６０万円、２００６年は２５４万円、２００９年は２５０万円、２０１２年は２４４万円と低下し続け、２０１５年は下げ止まり、２４５万円となっています。相対的貧困層の割合も、１９９７年の13・４％から、調査間隔の3年ごとに、15・3％、14・9％、15・7％、16・0％、16・1％と増加しており、２０１５年は15・６％

と減少しています。2015年の等価可処分所得の中央値賃金の上昇や相対的貧困率の減少は一時的であり、安倍第二次政権の経済政策のカンフル注射的効果と低賃金単純労働の人手不足による賃金上昇が寄与したものと考えられます。

厚労省の2015年での貧困層に属する子どもの割合は6人に1人の割合です。貧困層に属する母子家庭では82・7％が生活が苦しい状態で37・6％が貯蓄がないと回答しています。貧困家庭の子どもは低学力・低学歴になりやすく、将来不安定な収入に陥り、次の世代にまで貧困状態が連鎖していく世代間連鎖が問題です。なかには、ハングリー精神で這い上がっていく少数の子どももいるでしょうが、大多数は圧倒的格差のなかで意欲を喪失し、自暴自棄に入っていきます。このような環境に6人に1人の割合の子どもが置かれていることは、犯罪が多発する社会の温床といえます。

教育完全無償化に向けての国家の努力義務

親の経済格差が連鎖する教育格差は、当人の責任でないことは明白であり、国として保障していく必要があろうかと思います。現在の憲法では第二十六条に**「すべての国民は法律の定めるところにより、その能力に応じて、ひとしく教育を受ける権利を有する。すべての国民は法律の定めるところにより、その保護する子女に普通教育を受けさせる義務を負う。義務教育は、**

これを無償とする。」と記載されています。教育を受ける権利は有するが、国が費用負担するのは義務教育までということです。親の経済格差により、子どもが教育格差を受けるのは、個人の尊重、教育の機会均等の面から理不尽であり、今後も経済格差の拡大が懸念される資本主義経済体制のなかで、教育機会均等化と社会安定化のために高等教育を含む教育費完全無償化への国の努力義務を憲法により規定すべきかと考えます。

憲法では経済面では健康で文化的という概念で生活を保障しているのと同様に、希望するすべての国民に対して、大学院までの高等教育を国家として保障する概念を入れてはと考えます。幼少期には環境に恵まれず高等教育を受ける機会を失った人たちにも、成人後に希望すれば教育を国の費用で受けられるように保障すべきかと考えます。富裕層の子女は、幼児早期教育や入試試験で優秀な生徒を集め、効率的・高度な教育が可能な授業料の高い私立校に入れる有利さが存在します。国家として、本人の能力や意志があれば、国の経済的支援で、時期を問わず、教育を受けられる最大の支援を行なうべきです。また、経済的貧困家庭の子どもに対し、教科書の無償供与や給食費支給だけでなく、学用品支給や交通費支給といった間接的教育費用（親に別用途に使用されない非現金）の負担をしていくべきだと考えます。

子どもは国家の宝という概念で、国家の経済的支援のもとで極力、教育の機会を与えていくことが、少子化の歯止めとなり、社会の発展・活力の源になります。教育機会に恵まれない経済的貧困層が引き起こす犯罪や暴力に対する治安費用や最低の生活を保障する生活保護費用より、はるかに健全で前向きな社会費用として、憲法に教育費用の完全無償化に向けての国家としての努力義務を国民は受け入れるでしょう。憲法では概念を示し、法律でそのときの社会状況や財政状況でその実施内容を決めていく方式でよかろうと思います。経済的保障を憲法の概念に基づき、詳細は法律で定めた基準で生活保護を支給していると同様に、憲法で教育の完全無償化の概念を示し、実施詳細については法律で定めていけばよいと思います。

四　国際平和構築に向けての意思表明

国際平和構築に対する他力本願的考え

憲法に追加すべきと考える2つめの項目は、国際社会の平和に対する日本の貢献の意思表明です。国際社会の平和に関与する日本の姿勢は日本国憲法の前文に次のように記述されています。

日本国民は、恒久の平和を念願し、人間相互の関係を支配する崇高な理想を深く自覚するのであって、平和を愛する諸国民の公正と信義に信頼して、われらの安全と生存を保持しようと決意した。

「平和を愛する諸国民の公正と信義に信頼して、われらの安全と生存を保持しょうと決意した」という表明は、憲法第九条の一項の次に示す概念につながっています。

日本国民は、正義と秩序を基調とする国際平和を希求し、国権の発動たる戦争と武力による威嚇または武力の行使は、国際紛争を解決する手段としては、永久にこれを放棄する。

前文の「恒久の平和を念願し」、「平和を愛する諸国民の公正と信義に信頼して」と、憲法第九条の「正義と秩序を基調とする国際平和を希求し」の文言の意味するところは、言葉でいえば「念願」「信頼」「希求」であり、国際平和は自分たちが願望や希望すれば存在するとの考え方で空想的甘えともいえ、現在の世界情勢で考えると現実離れした概念といわざるを得ません。もし、願望・希望すれば、世界平和が成立するのであれば、日本に自衛のための戦力といえども、自衛隊は必要ありません。自衛隊を保有していることは、武力による侵略があると想定し、現状の世界において、国際平和は成立していないことを認めていることになります。さらに、現行憲法に示されている概念は世界平和は自然に、または、他国によってつくられ・与えられ・

維持されるという実に自分勝手で他力本願的な現実離れした考えです。

このような考えの由来は、終戦後に日本を占領統治したＧＨＱの日本を再び戦争ができない国に変えていくとの基本姿勢にあったと考えられます。太平洋戦争における日本との血みどろの戦いで多くの戦傷者を出し、国家のため・天皇のためには、自己犠牲を厭わない神風特攻隊・人間魚雷・全滅覚悟の玉砕攻撃を受け、自分たちには理解不可能な日本人の精神構造に不気味さと恐れを米国人が感じたのは当然だと思います。このような国がいかなる理由をもっても再び戦争をすることができないように、言い換えれば国際平和構築という大義名分をもって武力行使することを禁止する意図で「念願し」「希求し」と他力本願的消極的文言にしたと思われます。終戦直後の日本に対し、当面は二度と戦争ができないような国にする意図で理想的ではあるが、現実離れした概念を戦勝国が押しつけた結果です。日本自身も米国との集団安全保障体制に依存し、軍事費用を抑え、経済復興を図るほうが得策であるとの現実的側面から、この概念を利用してきたともいえます。

さらに、日本国民の心情においても、終戦直後のアジア諸国への多大な災禍を与えたことへの痛切なる反省と家族・親戚・友人に多くの死傷者を出し、国土を荒廃させた戦争に対する怒り・後悔・反省でいかなる理由であれ、再び戦争をしてはいけないとの思いで、米国への思惑に反対を意思表示できる状況ではなかったと思われます。

経済先進国・日本の役割

戦後からの日本は第二次世界大戦に対する贖罪の期間であったといえますが、今や、戦後70年以上が経過し、日本は経済復興を果たし、一時は世界第二の経済大国となり、現在も経済先進国会議のアジアからの唯一のメンバー国です。そのような国家が世界平和を願望や希望するだけで許されるのでしょうか。第二次世界大戦での敗戦国意識から脱却し、世界平和の構築に向けて、経済的協力・民間交流・外交努力だけでなく、国連の合意事項を軸とした武力行使を伴う平和構築にも積極的に参加する時期に来ているのではないでしょうか。内戦・テロが続き、政治的・経済的・治安の面で不安定な国や地域は世界に多く存在します。第二次世界大戦終戦からすでに70年以上が経過しており、敗戦国という負い目と甘えから脱却し、国連と一体となり、世界平和への貢献活動に積極的に乗り出す時期ではないでしょうか。

日本は欧米先進国に遅れて近代化に取り組み、明治維新後の約150年間の短期間に先人たちの知恵と努力により、工業・経済・政治の面で大きな発展を成し遂げました。明治維新後に欧米先進国に追いつくために、富国強兵策を実施し、日清戦争・日露戦争・第一次世界大戦・満州事変・日中戦争・第二次世界大戦を経験し、この過程で当時の世界状況のなかで自国が生き残るための事情があったとはいえ、欧米先進国と同様に周辺国を自国に併合し、武力侵略し、多大な被害を与えたことは事実として認める必要があります。世界には数多くの発展途上国があり、政治的に一族が支配する国家・部族間や宗教間の対立や利権をめぐる争いの内戦が絶えない国家・一党独裁国家等の民主主義定着までの道程が見えない状態の国家が多く残っています。このような国家では経済が停滞し、国民は貧困や飢餓、さらに内戦により、生命の危険にさらされています。宗教対立・領土紛争・利権争奪で周辺国との対立や戦争もたびたび起こっています。その結果、安全・食料・仕事を求め、多くの難民や移民が他国に押し寄せている状況です。中近東やアフリカからの難民が殺到した欧州連合の国々は対応に悲鳴をあげている状況です。欧州連合の国々は移民受け入れによる労働賃金低下・失業率上昇と難民援助の財政負担、さらに一部の難民や移民によるテロ被害や治安悪化に直面し、移民や難民を拒否する動きが出ています。イギリスの欧州共同体からの離脱の一因にもなっているといわれています。米国も中南米諸国からの移民や難民問題が顕在化し、トランプ大統領はメキシコとの国境に壁を建設する公約を掲げ、当選しています。日本はこれらの国々から遠く離れた島国であり、受け入れた移民や難民は少数です。政情不安定な国家の貧困は宗教とも絡み、国際テロの温床となっており、その意味では日本国民も被害に遇うリスクはあります。日本でも最近は人手不足を反映し、外国人労働者を条件付きで受け入れる動きがあり、今後はテロや治安悪化の可能性があります。また、日本は多くの資源を海外から輸入し、工業製品はグローバル化したサプライチェーンでの輸出入に依存している貿易立国です。どの国や地域に紛争や戦争が起こっても、資源購入先・工業製品の輸出入先・途中の輸送経路で関係し、影響を受けることは必至です。また、アジア諸国にも民主主義が定着していない国家が多数あり、状況によっては、大量の難民が日本に漂着してくることもあり得ます。

日本の国際平和維持活動の実績

すでに、日本は世界平和への貢献として、国連の平和維持活動に積極的に参加しており、活動のための費用負担は米国に次ぐ第二位で約11％を供出しています。１９４８年に第一次中東戦争の休戦監視を目的として設立された国連休戦監視機構が国連の平和維持活動の初めとされています。日本は１９９２年に国際平和協力法（ＰＫＯ法）を制定し、同年にアフリカのアンゴラでの国会議員および大統領選挙に協力し、選挙監視員として公務員2名と民間人1名を派遣しました。国連平和維持活動は世界各地における紛争の解決のために国連が行なう活動です。本書「第三章 三（六）自衛隊海外派遣の拡大」で紹介しましたように、日本はアンゴラ・カンボジア・モザンビーク・エルサルバドル・ゴラン高原・東ティモール・ネパール・スーダン・ハイチ・南スーダンへの国連平和維持活動に参加しており、派遣人員は合計で約９０００人に達します。

戦闘の危険を避ける日本の姿勢

日本は今までは憲法第九条を盾に、戦闘に巻き込まれる状況下にある地域・国での協力業務には派遣を見送ってきました。しかしながら、外国から見れば、自衛隊は明らかに高性能の武器と訓練された軍隊をもつ戦力です。憲法第九条の「戦力を保持しない」との文言は現実と矛盾しているのは明白であり、日本人の大人同士の話のなかでは、辻褄合わせや誤魔化しは通用しますが、日本の特殊事情の分からない外国人や正直で無垢な日本の子どもたちには通用しません。世界の平和は日本にとっても重要不可欠で、その恩恵を受けている日本が第九条を盾に生命の危険を冒すリスクを外国に押しつけ、自分は逃げていると指摘されても仕方がないかと思います。

国連平和維持活動としての決議には、安全保障常任理事国の拒否権行使を受けないことが前提ですので、常任理事国メンバーで軍事強国である米国・中国・ロシア間との戦争に巻き込まれる可能性は事実上ありません。また、平和維持活動決定への原則として、派遣の受け入れる相手国の同意を得ている同意原則、紛争のどちら側にも立たない中立の原則、派遣要員は自衛の武器携帯と使用の自衛原則が歯止めになっています。日本の自衛隊派遣要員たちの使命感の高さ、規律の高さ、指揮命令系統の確かさは過去の実績で諸外国から十分な信頼と評価を受けています。国際平和維持活動は諸外国から派遣された要員との協力と連携が重要です。同じ仲間である外国の要員を日本の法律により応援できないことは現地では通用しない話です。崇高な使命と生命のリスクを覚悟して、現地に赴いている自衛隊員に諸外国要員との相互の信頼や連帯意識を損なわせるような肩身の狭い思いをさせることはいかがでしょうか。自衛隊員を極力、戦闘に巻き込まれないようにする配慮であれば、現地に派遣された自衛隊員の多くは無用というに違いありません。むしろ、攻撃を受けた場合は相互に助け合う信頼と連携のほうが安全な結果になろうかと思います。国連平和維持活動は自衛しか認めていませんので、その原則のなかで武器使用は他国と同じ基準に法律として認めるべきかと考えます。また、国連平和維持軍の中で、戦闘に巻き込まれる地域や国には派遣しないというのも他国からは自国民の命だけを重要視し、他国の人命を軽視していると理解されると思います。派遣三原則のなかで派遣される国際平和活動であれば、日本が事実上、戦争に巻き込まれる可能性はないと判断できます。もし、戦闘が激化すれば、他国も三原則に従い、撤退することになります。

憲法第九条の武力不行使を利用し、自国民だけを安全なところに置き、他国民の命の重さは無視する身勝手な国と他国は判断するでしょう。国際平和維持活動への参加についても、自国民だけの安全を最優先するのではなく、他国と同様に危険のリスクに対応できるように、憲法では国際平和貢献活動への積極的参加を表明し、これに沿った法律を整備していくことが、これからの日本には必要です。

イラクによるクウェート侵攻に対する国連多国籍軍派遣

１９９０年に起きたイラクのクウェート侵攻に対し、米国を中心に英・仏の欧米諸国（ドイツは不参加）やサウジアラビアを含む湾岸諸国、エジプトを含む親米アラブ諸国等34カ国からなる多国籍軍が結成され、クウェートを解放しました。多国籍軍の派遣は国連の安全保障理事会の武力行使容認決議に基づいて実施されており、拒否権をもつ常任理事国のソ連も賛成しています。当時のイラクの状況は１９８０年から8年間にわたって行なわれたイラン・イラク戦争で発生した巨額の戦費で財政的苦境に立っており、主な国家の収入源である原油価格が低迷し、原油価格を上昇させる減産計画に協力的でないサウジアラビアやクウェートに対し反感をもっていました。さらに、クウェートは元々はイラクと同じ英国の植民地であり、先に独立しただけで、イラクの一部であるとの意識が強く、独裁政権のサダム・フセイン大統領は自分の権力維持の目的もあり、クウェート侵攻に踏み切ったと理解されています。国連安全保障理事会の常任理事国は決議に対する拒否権を有しており、自国に不利な決議に対しては、しばしば、拒否権を行使しますが、イラクのクウェート侵攻に対しては、国連憲章で謳われているいかなる理由でも武力による他国の侵略は許されないとの共有認識で、武力行使容認決議が出されました。

イラクによるクウェート侵攻に対する日本の当時の協力は、日本国憲法第九条により海外派兵はできないとし、代わりに１３０億ドル（日本円換算約1兆７０００億円）もの巨額を拠出しました。米国の戦費６１１億ドルには及びませんが、同じく派兵に応じなかったドイツの拠出金70億ドルに対しては大きい金額で、湾岸諸国の石油に依存する日本の状況と日米安全保障に依存している米国への配慮が重なり、このような多額の負担に応じたと思われます。しかしながら、増税までして捻出したこの巨額の資金提供も自国民の命のみを大切にし、他国民の命をお金で支払ったともいわれ、良い評価はなく、冷ややかなものでした。このような国際批判を受け、日本としても国際平和維持活動に参加可能なＰＫＯ法案を成立させました。

大量破壊兵器保有疑惑によるイラク戦争終了後の自衛隊の派遣

２００３年に起こった米国によるイラク戦争は国連安全保障理事会での合意を得られず、米国を主体とする多国籍軍が派遣され、フセイン政権が倒されました。これは国連平和維持活動ではなく、米国主導の武力を行使する戦争でした。米国のイラク侵攻目的は表面的には大量破壊兵器を所有していることでしたが、イラク占領後、その大量破壊兵器は発見されず、イラク侵攻の大義名分は喪失しました。日本の小泉首相は米国への配慮から、多国籍軍派兵に対し理解と支持を表明しましたが、憲法上許されない海外派兵は実施せず、また、資金拠出も実施しませんでしたが、イラク政府に対する約７１００億円の債権放棄を実施しています。イラク戦争は米軍の近代兵器を使用した作戦により、3月19日の開戦宣言から5月1日に出された戦闘終結宣言まで約1カ月半の短期間で終了しました。日本は本格的戦闘行為が終了した7月に「イラクにおける人道復興支援活動及び安全確保支援活動の実施に関する特別措置法」(通称イラク特措法)を成立させました。この法律の成立により、陸上自衛隊はイラクの復興支援を目的に比較的治安が良いとされるイラク南部の都市サマーワに宿泊地を設け、給水・医療支援・学校や道路の補修を2004年4月から2006年7月末まで実施しています。航空自衛隊は輸送活動を任務に2004年1月から2008年12月の5年間にわたり実施し、陸上自衛隊が撤収後は、国連や多国籍軍の物資や兵員の輸送に従事しました。多国籍軍の兵員輸送に対する違憲訴訟が起き、国側は勝訴したものの、イラク特措法で許可されていない「戦闘地域での活動」で「多国籍軍の輸送」は他国による武力行使と一体化した活動で自らも武力の行使を行なったとの評価を受けざるを得ず、武力行使を禁じたイラク特措法に違反し、日本国憲法第九条に違反する活動を含んでいるとする問題点を指摘されています。

イラク戦争の場合は、米国ブッシュ大統領が主導し、ロシア・中国・フランス・ドイツなどが強硬に反対表明するなか、強行された側面があります。イラク戦争の大義名分であった大量破壊兵器はイラク占領後に発見されず、独裁者サダム・フセインの打倒による圧政からの解放もイラク戦争後のシーア派とスンニ派の対立激化によるイラク内政の混乱と過激派組織アルカイーダの台頭で色あせ、ベトナム戦争の敗退と同じように、国際政治での米国の大きな失敗と判断する見方が強いようです。

国際連合安全保障理事会常任理事国の横暴

国際政治の場は、各国の利害が絡み合うことは避けられませんが、イラクによるクウェート武力侵攻に対する国連安全保障理事会常任決議に続く湾岸戦争と、大量破壊兵器保有の疑義による米国主導の多国籍軍によるイラク戦争との間には、世界各国の判断において明確な違いがあります。湾岸戦争は国連憲章が禁じた他国への武力侵略に対する明確な違反だと国際世論が認識し、一方、イラク戦争は一国の独善的判断とそれに同調せざるを得ない国の支持という見方です。国際平和の構築は対話や交渉だけでは実現できず、武力という実力行使が必要なことは残念ながら現実です。

民主主義が定着している国家においては、個人の人権や財産を守り、安全と秩序を維持するための組織として、司法としての裁判所と行政としての実力組織である警察があり、この両輪が機能する仕組みになっています。これを国際社会に広げて考えた場合は、司法としては国際司法裁判所がありますが、国家における警察と同じ機能を持つ恒常的な行政的実力組織はありません。国家でいえば、裁判で判決が出ても執行する組織がないということであり、司法としての裁判所の実効力はなく、国家の安全や秩序は維持ができない無法状態といえます。国家の警察に相当する国連安全保障理事会は5つの常任理事国による国家の利益を優先する拒否権発動で、決議を出せないケースが少なくありません。国家の警察権を発動するのに、利害が一致するとも限らない最終権限者が5名いて、全員が賛成しないと警察は動けないということです。この状態は国レベルで考えると異常なことです。

現在、世界は時間的・空間的に狭くなっており、交易関係は相互依存度が増大し、資源や環境問題でも単独国家での解決は困難で、世界全体で取り組まなければ解決できない状況であり、あらゆる面で密接に関係しています。百年前の一国が今の世界に相当するほど、短時間で人や物資が動き、経済・政治・文化・環境で相互依存度や影響度が大きくなっています。70数年前の戦争で勝利した国家が今も過去の権利を主張しているのが、国連における常任理事国の拒否権です。日本の憲法改正論議のなかで、現在のこのような世界情勢が理不尽であることを理解し合い、国際平和の構築のために国連改革の必要性を認識していくことが重要です。

日本は国際平和構築への数少ない適正国家

日本は明治維新の富国強兵策から次第に全体主義・軍国主義となり、最終的に第二次世界大戦に突入していった歴史の中で、多くのことを学んだ国です。敗戦という悲惨ではあるが、その後の国としての貴重な体験を積み、民主主義を定着させ、経済復興を成し遂げた世界ではドイツと並ぶ数少ない国です。世界を見渡して、真に公正・公平な立場で世界平和の構築に貢献できる歴史的経験・実力を備えた国は数少なく、国連中心の世界平和構築に向けてのリーダー国の一つだと思います。

自由・民主主義の価値観を共有する国家のリーダー国であった米国は撤退や停戦はあるものの真の敗戦経験がなく、現在も多くの国や地域に利権や利害関係をもち、公平・公正の立場が難しい位置にあり、米国のトランプ大統領はアメリカファーストとまで言い始めています。

一方、日本は存続のためには、平和な世界の中で自由貿易を通じて必要な資源を得て、製品を輸出し、技術やサービスで利益を得ることが国益となっており、国家レベルで多大なコストと労力がかかる他国の武力侵略を行なう必要性を有していません。また、日本は国内政治の不安定さや国民の生活困窮から国民の目をそらせる戦略として、たびたび利用されてきた他国を侵略する必要性がない政治的・経済的レベルに到達している国であり、さらに歴史を通じて戦争の愚かさと悲惨さを経験している国でもあります。

日本は戦後、戦前の軍国主義国家のイメージを払拭するために、自衛的な面においても武力行使は極めて抑止的でした。領海侵犯に対する漁船取り締まりでは、ロシア・中国・韓国は極めて強行な取り締まりを行ない、漁船を拿捕し、多くの漁民を長期拘留しました。一方、日本の外国漁船に対する取り締まりは、極めて抑制的で体当たりしてきた中国船の船長まで帰国させるほどです。日本領海において違反操業した外国漁船の拿捕や漁民の長期拘留も行なわず、そのことをよく知っている外国漁船は一番リスクが少ない日本領海の漁場で違反操業を繰り返しています。

終戦直後の自衛隊が発足する前の段階で、国内政治から目をそらさせる外交戦略として、韓国は竹島を武力で占領しました。それに対し、日本は竹島の不法占領を訴えていますが、一度も武力による実力行使は行なっていません。中国・北朝鮮・韓国が日本の国内の動きに関して、軍国主義日本の復活とクレームをつけてきたのは単なる外交戦術であり、日本の武力行使に対する抑制的姿勢を一番知っているのもこれらの国です。

日本は国際平和構築活動のリーダー国として必要な条件を有している数少ない国家の一つであると考えられます。リーダー国に必要であると考えられる日本が有する条件は、平和で公正・公平な国際社会での自由貿易体制が必須な国であること、武力による他国侵略を必要としない国内経済レベルに到達していること、武力による他国侵略を抑制できる国民主権の民主主義が定着していること、軍国主義・全体主義国家として突入した戦争での敗戦経験を通じて戦争の悲惨さや残酷さを経験していること、戦後70年以上にわたり武力行使を抑制してきた実績・宗教色が薄い国・経済大国であること、他国に特定の権益を保有していないこと等々です。このような条件を有している国はドイツ以外は日本しかありません。日本とドイツが連携し、世界のリーダー国として、世界平和構築に向けて貢献する姿勢を表明していくことが今後、日本が世界から尊敬を集めていくことにつながると信じます。

国際平和構築活動に対する懸念・危惧は杞憂

日本が国連中心の国際平和構築活動に積極的に参加することに対し、懸念や危惧を表明する人がいます。その懸念や危惧の1つめは、戦前の軍国主義復活であり、2つめは、戦争に巻き込まれる可能性であり、3つめは、自国民である派遣された自衛隊員が危険にさらされることです。

1つめの軍国主義復活は、感情的・短絡的な懸念・危惧であろうかと考えられます。すでに説明してきましたように、日本に民主主義が定着し、戦争に活路を求めることになりやすい国民の経済的困窮状況はなく、さらに資源確保の面からもコストや人的犠牲を考え合わせると、武力による他国侵略より自由貿易体制が有利であること等々を総合的に冷静で客観的な視点で考えれば、そのような懸念や危惧は杞憂であると判断するのが妥当と思われます。

国連安全保障理事会の武力容認決議に基づく自衛隊の派遣は国会承認事項とすれば、国家権力の暴走抑止となります。時の政権が賛成多数派を占めれば、国家権力暴走の抑止力にならないと懸念する人もいます。もし、国民の多くが賛成できない自衛隊海外派兵を実施した政権は選挙を通じて政権を失うことになります。国民は感情に流されやすく、扇情的政治スローガンに流されやすいと考える人は、国民の理性と判断力を馬鹿にしているかと思います。戦後の日本の政治において、国民は適切でバランスがとれた集団的判断を行なってきたと思われます。自民党の横暴・堕落・腐敗を感じたときは、自民党から野党に政権を移す選択を選挙を通じて、過去、行ないました。

戦前の日本のような戦争をしやすい国家になる、言論の自由がなくなるという懸念は、日本の戦後における民主主義の定着を信じられない人です。国民が政治に関心をもち、国民が的確で理性的な判断をできるようにマスコミも客観的で多面的な情報を提供していけば、定着した民主主義は容易に後退しません。

2つめの懸念・危惧である戦争に巻き込まれる可能性については、国際平和維持活動における第三者としての公正さや中立的立場の維持の困難さと関連しています。この危険性は自国利益や時の政権の権力の維持・強化と結びつけられたときに生じかねません。これを防ぐには、国際平和維持活動は国連の指示に忠実に従い、逸脱しないことです。さらに、国民の監視の目も重要です。

もう一つの戦争に巻き込まれる可能性は、派遣された自衛隊の行動により、現地で支持や信頼を失い、反感や敵意を受ける結果となるケースです。日本の自衛隊は規律が高く、節度があり、真面目で技術的にも優れているとの評価が派遣を受けた国や地域および他国から派遣されてきた人々から評価されています。派遣された自衛隊員や民間人の国際平和に真摯に向き合っている国際平和維持活動を通じて、日本が国際平和への貢献を積極的に行なう姿勢を、世界中の人々に理解してもらってきた実績からも反感や敵意を受ける可能性は極めて少ないかと思われます。混乱した国や地域でのことですので、誤解や偶然により生じた反感や敵意が発生することも否定はできませんが、従来の実績とその後の活動により、解消していくことが可能だと思います。

３つめの懸念・危惧である派遣された自衛隊員が危険にさらされるというのは、自国民の命だけが大事で、他国民の危険は関知しないという考えであり、国際社会の重要な国家となっている今の日本に対しては、諸外国には通じない話です。イラクによるクウェート侵略に対する国連安全保障理事会で合意を得た多国籍軍に、日本は憲法第九条を理由に自衛隊の参加を拒否し、代わりに１３０億ドル（日本円換算約１兆７０００億円）もの巨額を供出しました。そのような態度に日本は自国民の命は他国民の命より大事だと考え、金で解決する卑怯な振る舞いとされ、第九条を口実にしていると批判を受けました。日本は平和主義を国是としていることは世界中に十分に浸透しています。逆に日本が第九条を口実に国際平和構築に消極的姿勢を取り続けることは、国際的にみれば自己都合の勝手な言い訳としか受け取られません。国際平和構築に向けての経済協力・民間交流・外交努力も重要ですが、それだけに限定し、武力行使を伴う海外派遣には参加しないというのは、自国民の命だけは特別に大事にする姿勢と他国から判断されます。

贖罪意識からの脱却と国際平和構築意思の表明

国際平和は祈念・願望だけでは実現できません。また、日本は憲法により武力行使ができないとの言い訳や他国の戦争に巻き込まれるとの理屈は日本だけで通用する理屈であり、世界から見れば、自国民の命だけを大切にし、他国民の命は尊重しない自分勝手な自国本位の国だとみなされるでしょう。他国に理解してもらえない自国本位の言い訳や理屈に惑わされず、国際平和への貢献を憲法の中で明確に意志表明することが、重要で必要な時期になっているかと思います。

国際平和構築への積極的貢献と国家間の平等で対等な関係構築に向けての国連改革への意思表明を日本国憲法で示すことは、人類の未来に対する日本の姿勢を表明することになり、非常に意義あることだと思います。戦前の日本の他国への武力侵略の真の意味での反省と謝罪は、国際平和を祈念・願望するに終始し、自衛のための武力行使に限定する意識から脱却し、国際平和の貢献として、場合によっては、公正・中立的立場での武力行使が必要な国や地域で国際平和維持活動に参加することだと思います。

日本の場合は神国の不敗意識と自国利益優先意識の結果として生じた、多くの戦傷者や国土の荒廃という悲惨な戦禍の経験と、他国への武力侵略への反省と謝罪の気持ちの共有があり、国民の民意が反映できる民主主義が定着しています。

国際平和はただ、漠然と待つだけでは実現はしません。どこかの国が積極的に国際平和維持活動に参加していく必要があります。日本は過去の他国への武力侵略への反省と謝罪の意思表明として国際平和に積極的に貢献すべき責務があります。

また、公正で中立的立場かどうかを判断可能な民主主義と国民が存在し、真摯で規律ある民間人と自衛隊があり、国際平和維持活動に最適な国家の一つでもあります。公正さと中立の立場、国際社会の正義に対する担保は国連憲章に基づく国連決議と国会の承認、さらに国民の選挙による審判に置くことは可能だと思います。

日本は国際平和維持活動での実績を重ね、国際社会の信頼を積み上げ、国際平和「維持」にとどまらず、さらに国際平和「構築の推進」までに、今後、手を広げていくことも視野に入れるべきかと考えます。推進の具体例としては、民族間や宗教間の対立や特定権力者の存在により、内乱状態が続いている国における民主主義政治が定着するまでの国連による信託統治への参加です。さらに基本的人権・各種の自由・自由選挙による国民主権の確立に向けての立場からの他国政府への勧告・助言・協力や、他国民への支援を国連と一体となって行なう姿勢を強化すべきかと思います。基本的人権・各種の自由・自由選挙による国民主権確立に関する勧告や助言は内政干渉を口実に耳を貸さない国家がありますが、これらの問題は内政問題ではなく、人間および国家としての普遍的理念であり、国家の枠を超えた問題です。

昔は家族における家長の横暴も家庭内の問題として、他人は口を出すなとの考えがありましたが、民主主義が確立した国では、一定以上の年齢では個人の意思が尊重され、婚姻や職業選択の自由があり、家庭内暴力は法律で犯罪です。文明が進歩した現在では、家庭内の家長の権限や横暴が家庭内の問題の壁を乗り越え、制限され、禁止されてきているのと同様に、基本的人権・各種の自由・自由選挙による国民主権の確立の問題は人類共通の普遍的理念として、国家の枠を超えた内政干渉に該当しないものであると理解すべきと考えます。過去にこだわり、自国本位の論理にとどまる姿勢から脱却し、日本国憲法に国際社会の平和構築への積極的貢献と人類共通の普遍的理念の実現に積極的に関与していく姿勢を意志表明することが、日本の人類への貢献を世界に示すことになり、日本が世界から尊敬される国家として認められる道だと信じます。

第八章　「国民の・国民による・国民のため」の憲法改正

一　現行法制下での憲法改正の手続

憲法第九十六条で規定されている憲法改正手続

憲法改正に関する第九章第九十六条の記載は次のとおりです。

　この憲法の改正は、各議院の総議員の三分の二以上の賛成で、国会が、これを発議し、国民に提案してその承認を経なければならない。この承認には、特別の国民投票又は国会の定める選挙の際行なわれる投票において、その過半数の賛成を必要とする。

　この条文には各議院の総議員の3分の2以上での賛成で、国会が何を発議し、国民に提案するのかが明確に示されていません。

発議する内容が改正案提示なしの憲法改正実施だけなのか、それとも、具体的改正案を提示してなのかが不明確です。つまり、国会で改正の具体的条文を審議し、各議院の3分の2以上の賛成を得た憲法改正案を発議し、国民投票にかけるという明確な記載ではありません。場合によっては、憲法改正実施だけを発議し、その具体的条例内容を複数案、国民に提示し、最終的に国民の過半数を得た内容で憲法改正することも、解釈の範囲で可能とも考えられます。

このように、日本国憲法においては憲法改正の規定は不明確さがあります。

国会法で規定されている憲法改正手続

一方、国会の運営などを規定した法律である国会法（1947年〈昭和22〉制定）の第六章の二（日本国憲法の改正の発議）には、次のように規定されています。

第六十八条の二　議員が日本国憲法の改正案（以下「憲法改正案」という。）を発議するには、第五十六条第一項の規定に関わらず、衆議院においては議員百人以上、参議院においては議員五十人以上の賛成を要する。

第六十八条の三　前条の憲法改正原案の発議に当たっては、内容においての関連事項ごとに区分して行なうものとする。

日本国憲法第九十六条の文言と比較して、国会で発議するのは改正原案であることが明確に示されています。ちなみに「第五十六条第一項の規定に関わらず」とあるのは、第五十六条第一項において、議員が議案を発議する場合は衆議院においては議員20名以上、参議院においては10名以上、予算を伴う法律案を発議する場合は衆議院で50名以上、参議院で20名以上の賛成を要すると規定されているのに対し、憲法改正は国政の最重要事項ということでさらに発議に要する議員数を衆議院で100名以上、参議院で50名以上に増やしています。また、「内容においての関連事項ごとに区分して」の意図は、国民の賛成の得やすい改正事項と議論の分かれる改正事項とをセットにし、争点をごまかして、国民投票にかけることを防止するためです。

国民投票で規定されている憲法改正手続

また、国民投票の具体的手続きは、2007年（平成19）に制定された日本国憲法の改正手続きに関する法律（通称、国民投票法）で規定されました。国民投票法により、国民投票の対象は憲法改正だけに限定されました。国会の憲法改正発議後60日以降180日以内に国民投票を実施することが規定されています。投票権は改正案ごとに18歳以上の国民が1人1票の投票権をもち、過半数の母数は選挙権をもつ総人数ではなく有効総投票数となっており、国民投票の有効無効の判定としての最低投票率制限は設けないとしています。投票は改正案ごとに用紙が準備され、賛成または反対に○印をつけることになっています。市民による国民投票活動は、選挙管理委員会の委員や職員および国民投票広報協議会事務局員・裁判官・検察官等の特定公務員を除き、それ以外の人はラジオ・テレビの広報活動も自由です。公務員や教育者の地位を利用した国民投票運動は禁止されています。国民投票直前の感情に訴えるような煽情的広報活動を抑制するために投票日14日以前のラジオ・テレビの広告は禁止されています。また、衆・参議員各10名が委員を務める国民投票広報協議会は、通常の国政選挙と同様に、テレビ、ラジオ、新聞等で国民投票の広報活動を行なうとともに、改正案に賛成または反対する政党に均等に無償で広報の機会を与えるように規定されています。

二　問題が多すぎる現行法律下での憲法改正

現在の国会法で決めている憲法改正方法は、まず、国会で国民投票にかける改正案を衆議院議員１００名以上または参議院議員50名以上で提案し、審議し、必要や状況により、修正の上、衆議院および参議院の各々３分の２以上の賛成をもって憲法改正を発議し、国民投票にかけ、投票有効総数の過半数をもって、その賛否を問うものです。

現在の日本の政治状況から判断し、この方式で国民投票を実施した場合に想定される問題点として、次のことが考えられます。

1　国民不在の国会という密室で作成された改正案

国会中継がテレビで行なわれていますが、党利党略的な立場での質疑応答が目立ち、また、質問をはぐらかす内容の回答もあり、そんなに多くの国民が真剣に見ているようには思えません。また、本質的議論を避け、裏で政党同士が取引し、妥協し、まとめている密室的イメージが強く、そのようなやり取りでまとめられ、国会で賛成を得た改正案に対し、国民は、自分たちが選んだ憲法という気持ちをもてません。戦後の混乱期に米国が準備した草案に沿い、国民不在の形で急きょ、制定され、与えられた憲法を、今回は国民自身が参加し真剣に議論し選んだ憲法にするという重要な意味から遠く離れたものとなります。国民が積極的に参加できていない受動型の国民投票では、憲法に対し国民は誇りをもてず、また、尊重する気持ちも出てこないと思われます。

2　一つの選択肢しか提示されない改正案の危うさ

事例として、憲法第九条の改正案の場合を考えてみたいと思います。自衛隊を憲法の中で認めることには賛成であるが、改正案の具体的条文に付随してくる自衛権の範囲や自衛隊の統制方法、または解釈の仕方で議論の余地や疑問が生じる文章表現等で賛成できない点がある場合、国民はその賛否を問われても非常に困惑することになります。自衛隊の存在は容認できるが、改正案の内容には納得できず改正案に反対票を投ずれば、第九条の解釈論や国際法に照らして辛うじて合憲とされている自衛隊を正式に否定してしまうことになります。それは、非現実的ということで、やむを得ず納得できない付随的な内容に賛成せざるを得ない状況を生み出します。

各種のアンケート調査では、現在の日本国民の多くは自衛隊を容認しているとされていますが、改正条文の付随的内容に対する個人的批判票として、自衛隊を容認する改正案に対する反対の票を投じた結果、国民全体で反対数が上回ったという結果になり、本当に自衛隊解体を検討せざるを得ないという想定外の深刻な事態が生じかねません。英国において、国民投票の結果、大方の予想に反したE・U離脱を選択する結果となり、大混乱を生み出してしまった例が参考になるかと思います。

3　国会内の党利党略に翻弄された改正案

現状、自民党一強の政治状況とはいえ、改正案の賛成には衆・参各議院の三分の二以上の議員の賛成を得ることは自民党単独では無理であり、他党の協力を得る必要があります。また、国民投票にかけるためには、できるだけ多くの政党からの賛成を得ることも重要です。

そのためには、他政党の意見の反映も必要となり、修正の結果、中途半端な判りにくい内容や意図的に解釈の余地がある内容にならざるを得ません。そのような党利党略に翻弄された改正内容は、多義的解釈が可能な曖昧さを包含した憲法第九条の再製になりかねません。

4 強引な憲法改正で起こる国民の不信と政治的分断

現状の日本の政治状況は自民党一強の情勢で、第二次安倍政権の強引と思える国会を軽視した運営や驕りや緩みと見られる疑惑も発生し、感情的に反発する人や勢力は各政党・有識者・国民の中に少なからず存在します。そのような政治的空気のなかで、数の力で強引にまとめた改正案を国民投票にかけ、たとえ、憲法改正が成就しても野党や反対勢力との対立はますます深まります。また、国民も選択肢のない一つだけの改正案を提示され、最良ではなく不満のあるなかで仕方なく賛成票を投じたという心理が残ると思われます。そのような経緯を経て、憲法改正案を成立させても、あとに残るのは政治的分断と国民の不信感だけだろうと思われます。

三　憲法改正方法への提言

現状の日本の政治・社会状況を考えると、憲法改正は国民の参加の機会を増やし、多くの選択肢がある憲法改正の国民投票が必要で重要だろうと思われます。そのための提案をいくつかのステップに分けて記します。

〈第1ステップ〉法律である国会法と国民投票法の改正

政党・有識者・国民の間でいろんな多くの異なった意見が存在するなかで、憲法改正の際に重要なことは、国民自身が参加し、議論に加わり、考え、そして、最後は国民自身が多数決により選んだ形に極力、近づけることです。そのためには、国会で一つの改正案に絞ることを止めるべきだと思います。国会で一つの改正案に絞るという過程で、本章「二　問題が多すぎる現行法律下での憲法改正」で紹介した問題が発生します。現状の国会法では、国会で改正案を一つに絞り、その賛否を衆・参議院で採決し、3分の2以上の賛成をもって、改正案を国民投票にかける発議を行なうことになっています。国会で3分の2以上の議員の賛成を得た改正案を提示して発議する現状の方式から、憲法の改正対象事項を国民投票にかけることだけを発議する方式に変更してはと思います。改正案そのものは、複数案を国民に提示し、国民投票で選んでもらう方式です。

これを可能とするためには、憲法改正の手続きを規定している国会法と国民投票の手続きを規定している国民投票法の法律改正をする必要があります。憲法改正のハードルは高く、国会の衆・参議院の各々で3分の2以上の賛成で発議し、国民投票で過半数の賛成を得る必要がありますが、法律の変更の場合は衆・参各議院で過半数の賛成で可決となり、国民投票は必要ありません。問題の焦点は、国会で3分の2以上の議員の賛成を得た改正案を提示して発議する現状の方式から、憲法の改正対象事項を国民投票にかけることだけを発議する私の提案方式に、法律である国会法や国民投票法を改正することが、現行憲法の範囲内で可能かどうかです。

本書「第二章 三 憲法改正手続きに関する記述の曖昧さ」で既述しましたように、憲法改正に関わる第九十六条の条文には各議院の総議員の3分の2以上での賛成で、国会が何を発議し、国民に提案するのかが明確に示されていません。発議する内容が憲法の改正対象事項を国民投票にかけることだけなのか、それとも、国会で可決された具体的改正内容を提示して国民投票にかけることなのかが不明確です。第九十六条では、国会で改正の具体的条文を審議し、各議院の3分の2以上の議員の賛成を得て、憲法改正案を発議し、国民投票にかけるという明確な記載になってはいません。憲法の改正対象事項を国民投票にかけることだけを発議し、その具体的改正内容を複数案、国民に提示し、最終的に国民の過半数を得た内容で憲法改正することも、憲法第九十六条記載内容の解釈次第で可能とも考えられます。

憲法第九条の交戦権放棄と戦力不保持に対して、柔軟な解釈をしてきたのと同程度の解釈の問題だろうと思われます。終戦直後の短期間で、十分な検討時間や審議期間もないなかで制定された憲法であり、そのような憲法に頑なにこだわる姿勢は、憲法改正に真に必要な状況打開の道を閉ざし、憲法のための憲法という泥沼に沈むことだと考えます。基本的人権というような普遍的理念を憲法から削除することは憲法軽視といえますが、憲法の基本的価値を損ねない程度の柔軟な解釈は、人間の知恵の範囲内と理解してもよかろうかと思います。私の提案する方式が可能となるように、現行の法律である国会法や国民投票法を改定することが、現行憲法の第九章「改正」第九十六条を検討し、憲法違反となると判断された場合はたとえ回り道になっても、第九十六条を改定することから始めるべきかと考えます。憲法改正が戦後70年以上経過しても遅々として進まず、さらに今後の改定予測を見通せず、仮に強引に現行方式で憲法改正をした場合に想定される既述の多くの問題点を考え合わせると、実質的に国民自身が選んだ誰も反対のしようがない私が提案する憲法改正方式に変えていくのが現実的で結果的には早道と考えられます。

〈第2ステップ〉 憲法改正対象事項を国民投票にかける国会発議

憲法改正の手続きである法律としての国会法と国民投票法を改定後、憲法改正が必要と判断される事項につき、国民投票にかけることを発議する提案を国会に出すことになります。改正が論議されている事項は相当数ありますが、最初の対象事項は第九条だと思われます。

第九条の現状内容維持を主張する政党も、私の憲法改正方式では、自分たちの主張する現状内容維持の案を国民投票にかけることが可能となります。したがって、第九条の内容維持を主張する政党も自分たちの考えに対する信を国民に問う絶好の機会ととらえるべきです。大多数の国民の支持を得られれば、主張の正当性が国民から信任されたことにもなります。

独自の第九条改正案を出し、国民投票でその是非を問うことはどの政党も可能となりますので、国民投票で自分たちの改正案の国民の支持を問うことになり、国民の選択する権利を奪うことにつながる国民投票に対する反対はできないかと思います。どの政党も、第九条の改正内容を示せる機会をもち、その背後にある政党の方針や考えに対する理解と支持を求め、国民投票で信を問うことになり、第九条を国民投票にかけることに反対する根拠はありません。国民に信を問う国民投票に反対することは国民の選択する権利を閉ざすことになり、反対する理由を見つけるのに苦労するかと思います。国民投票の発議に反対する政党は自分たちの主張する改正案が国民からの支持を得る自信がないか、国民の判断能力を過少評価しているかで、さらに国民の選択する権利を結果的に裏切る行為となります。

〈第3ステップ〉各政党および各グループによる改正案の作成

各政党で各々の改正案をつくることも複数政党で合同の改正案をつくることも可能です。また、自分の属する政党と異なる考え方の議員たちは、他政党も含んだ横断的グループを作り、独自の改正案をつくることも可能です。最初は相当数の改正案が作成されるかと思います。各政党や各グループが改正案をつくる過程で、かなりの数に絞られてくるかと思われます。

〈第4ステップ〉各政党および各グループの改正案の公示

各政党および各議員グループは、現状維持案も含めて、自分たちの改正案を、第一次案として国民に公表します。第5ステップの国民参加のテレビ公開討論の対象とします。

〈第5ステップ〉国民参加のテレビ公開討論

各政党や各グループの改正案に対するテレビ公開討論会を一定期間、毎週、実施します。内容によりますが、6カ月から1年程度の期間、継続して実施します。参加者は各政党・各議員グループ・有識者・関係者・国民代表です。国民代表が疑問に思うことを質問し、改正案作成の各代表は回答することになりますが、その内容の真偽を検証するために、いろんな関係者が証人として次回以降に参加し、証言してもらいます。第九条改正案の論議では、他国による武力侵略の具体的脅威の有無・日本が他国に対し武力行使する可能性や必要性、およびその背景・国家間対立状況下での外交交渉や民間交流の役割・自衛権の範囲・最新兵器の状況等、いろんな話が出てくるかと思われます。そのための証言者として、行政経験者・外交官・海外経験のある民間人・企業経営者・自営業者・自衛官・領海で漁業被害を受けている漁民・基地周辺の住民等々関連する人を呼び、その実態を聞いていきます。大事なことは、論点をごまかしたり、焦点をずらしたり、虚偽を言ったりできないように、司会側はすべて記録に残し、皆が理解しやすいように図解で論点ごとに前回までの質問や証言内容を整理する必要があります。このようなことを一定期間、定期的に行なっていけば、国民は自然と判断できるようになり、国民投票での自分の判断に当たって活かせることになります。詳細は、本章「四 国民参加型テレビ討論による徹底した論議」で後述します。

〈第6ステップ〉国民投票

第5ステップでの国民参加によるテレビ公開討論後、各政党や各グループはテレビ公開討論を反映した最終修正案を国民投票用として提示します。おそらく、テレビ公開討論会を経て国民の疑問や懸念、そして希望や意思が理解されたこの段階では、改正案の数は相当に絞られているかと思います。第5ステップの国民が参加する形での開かれたテレビ公開討論という場を通過しての国民投票ですので、第1回めの国民投票で決まる可能性もあります。さらに、第2回めの国民投票が必要になった場合は第1回めの国民投票の結果を反映した2~3案程度に絞られた修正改正案ですので、この段階で国民の過半数の賛成が得られる結果になります。最悪、第3回めの国民投票で修正改正案を2案に絞れば必ず決定します。国民投票の手間や費用も、今まで無駄に議論してきた時間や費用、従来方式にこだわって今後にかける費用や時間の前には大きな問題にはならないと思われます。

四 国民参加型テレビ討論による徹底した論議

従来型政権放送から公開討論放送へ

テレビ等のマスコミュニケーションを活用し、徹底した論議をすべきかと考えます。私の案としては、第九条の改正案を各政党や各議員グループが提出してから、一年間くらいは徹底した論議を行ない、そのあとで国民投票に移ればよかろうかと思います。

国民投票法では、衆・参議院各10名が委員を務める国民投票広報協議会が設置され、通常の国政選挙と同様に、テレビ・ラジオ・新聞等で国民投票の広報活動を行なうとともに、改正案に賛成または反対する政党に均等に無償で広報の機会を与えるように規定されています。従来の国政選挙ではＮＨＫが政権放送を実施しています。この政権放送は、各政党や立候補者が自分の政策や主張を一方的に述べるだけで、投票者は質問の機会もなく、一方向性の中味の薄いものと言わざるを得ません。

憲法改正国民投票の場合は、テーマは改正対象事項だけに限定されます。このようなケースにおいては、徹底した集中論議が可能です。国民投票に際しては、国民投票広報協議会は、政権放送と同様に公共放送としてのＮＨＫを活用し、継続的に一定期間、たとえば、毎週１回２時間、一年間をかけてテレビ公開討論を実施してはと思います。

地上波テレビは政治問題に焦点を当てた番組は多くはありません。一方、ＢＳ放送では、国際政治・外交・国内政策・社会問題を扱った番組がかなりあり、ＮＨＫに加え、民放放送も独自にテレビ公開討論番組を企画し、競争しても面白いかと思います。憲法第九条は国民の関心も高く、民放の自由で企画力に富んだやり方次第では、高い視聴率も得られるかと思います。テレビでの討論には、政党代表・学識者だけでなく、国民の代表も参加させるとより身近な問題として、理解が深まるとともに、参加意識も高まるかと思います。

国民が判断しやすい討論の進行

テレビの討論番組で一番失望するのは、各主張の根拠やデータを検証できず、言い合いに終始し、空しく番組が終了してしまうことです。これを防ぐには、シリーズ化し、製作者側が論点を整理し、各主張や見解の根拠や関連データを判りやすい形の図や表（図解手法）で具体的に明示し、進めることが重要です。

憲法第九条に関する討論では、まず、他国による武力侵略の脅威が現実に存在するのかどうかが一つの大きな論点になろうかと思います。改正案を提示した各政党や各議員グループの見解・根拠・具体的事例等を説明してもらい、国民や有識者はそれに対する質問を行ない、第三者としての証言者に経験に基づく実態・実状・見解を述べてもらい、国民の判断の材料にします。この場合、第三者としての証言者は知見の豊富な有識者だけでなく、海外経験の豊富な民間人・元行政従事者・元自衛隊関係者・外国船による漁業被害を被っている漁民・北朝鮮に拉致された人の家族等多くの関係者とすべきです。論点はほかにも国家間対立状況下での外交交渉や民間交流の役割の有効性や限界・自衛権の範囲・日本が他国を武力侵略する可能性とその理由・徴兵制の是非・軍拡競争の是非等々考えられますが、それに関する改正案提示者の見解・根拠・具体的事例の説明を受け、有識者や国民からの質問と幅広い関係者の体験に基づく実態・実状・

見解の証言により、国民は国民投票に向けての判断が出来上がっていくものと思います。司会者側は結論をまとめる必要はなく、論点を整理し、論点ごとに改正提案者の見解・根拠・具体的事例を箇条書きで記載し、それに対する証言者の実態・実状・見解を対比させる形で、図解手法等を用いてその関係が判るように整理し、国民に提示することです。

客観的・多面的視点に立った判断材料の提供

製作者側と司会者側は、憲法第九条改正討論では、世界主要国の国家安全保障政策とそれに対応した憲法内容の比較、さらに人類の過去の集団間や国家間の戦争の要因と現在の世界の状況に潜む戦争要因との比較等を具体的に理解しやすい内容と形式で準備すべきかと思います。国家安全保障や憲法第九条に関する議論は現在の世界状況を、どのように認識するかの問題でもあります。自国中心の狭い視野や自己中心の固執した理念では妥当性や客観性を欠いたものとなります。とかく平和で豊かな日本に住んでいると、世界各国も日本同様と錯覚しがちですが、今の世界は経済発展状況が異なり、宗教・文化・伝統が相違し、政治体制もさまざまな国家が混在していることを浮き彫りにする必要があろうかと思います。世界に政治・宗教・文化・経済の面で大きな相違がある国家が混在することを認識し、過去の国家間の戦争の要因と現在の国際情勢に潜む戦争要因を比較・検証し、自己都合の希望的視点でなく、客観的・多面的な視点で考えれば、今後の日本として相応しい憲法改正内容が浮かび上がってくると思います。国民が参加し、質問し、考え、判断するテレビ公開討論を経て、国民の大多数が納得し、誇りと信頼を持てる「国民の・国民による・国民のため」の憲法ができると思います。

安倍第二次政権で憲法改正が本格的に議論されるようになってからも、党利党略と有識者の意見の相違の前に、憲法改正（現行憲法の内容維持の信任も含めて）の動きは、遅々として進みません。その背景には、憲法改正実施に対する、戦前の日本に戻る、戦争をしやすい国になる、特定の人の価値観が押し付けられる等のさまざまな警戒、不安、懸念、不審の念があります。また、今の憲法で日本は平和を守ってこられたのに、なぜ、今、憲法を改正しなければならないのかという疑問の声もあります。私の提案する憲法改正方式では、国民が参加し、疑問に思うことを質問し、最後は国民が選択することになります。

有識者や政治家の一部には、国民が憲法改正につき、熟考、熟慮する必要があるが、未だ、その時期ではないと主張する人もいます。私の提案する一年間毎週のテレビ公開討論により、国民に熟考、熟慮の機会を与えることができます。

私の提案する方式は一見、時間がかかるように思えますが、3年前後ででき得ると想定され、結果的に確実な早道であり、国民が納得し、誇りと信頼をもてる「国民の・国民による・国民のため」の憲法になることを信じて、筆を置きます。

あとがき

恥ずかしいことながら、私は70歳に至る今日まで日本国憲法をじっくりと読む機会をもちませんでした。憲法は国の最高法規であり、われわれが日本で生きていくうえで基本的なことを規定している重要なものですが、われわれ国民の多くにとっては、とくに深く意識することの少ない空気のような存在です。憲法の話を友人に話しかけても、多くの人は怪訝な顔をします。自問も含めてなぜかと考えました。確かに、われわれの日常生活のなかで、憲法を直接に意識する場面はほとんどありません。

現在の日本人は、誰からも強制されることなく、自由に職業を選べ、好きな場所に住み、好きな人と結婚でき、政権与党を批判しても処罰されることはありません。このような状況を空気の存在のように当たり前のこととして、享受しています。ある意味では、憲法の存在を意識する必要がない幸せな状況ということです。

個人や国家が非常事態に直面したときに、法律やその上位にある憲法を強く意識し、重要性を認識する事態に追い込まれるかと思います。個人の場合は、人権問題に絡む事態に巻き込まれたときや経済的に困窮したときです。国家レベルでいうと、２０１１年に発生した東日本大震災、最近では２０２０年に世界中を混乱に陥れた新型コロナウイルス感染症の大流行、さらに、日本の領海・領空・領土・権益の一部が他国の武力により侵略・侵害されたときでしょう。国民国家レベルの非常事態の場合は、国民個人の権利と公共の利益・福祉の対立が起きます。国民全体の安全・利益のために、場合によっては、個人の土地や家屋を国家が強制的に使用する必要も生じるでしょうし、また、国民の権利や自由な移動も制限される場面も出てきます。

今回の新型コロナウイルス感染症の大流行は、政治、憲法、法律がいかに自分たちに重大な影響を与えるかを知らしめたことになります。憲法は自分たちの生活とはかけ離れたこととし、政治に関する話は青臭い議論と遠ざけていた多くの日本国民の意識に警鐘を鳴らしたと考えるべきではないでしょうか。

現在、日本の政治的風土は、議員との地縁・血縁に結びついた利益共有組織に支えられた選挙地盤が主体で、そのなかで、二世・三世議員が多いのが実状です。政治家になる人の多くは、この選挙地盤を継承する代表者か、または政治的野心をもって立候補する人であり、政治で何を実現したいかという理念や目的をもって立候補する人が少ないのが現実であると思います。

一番の理想は、一般国民の間で、政治について自由に、活発に議論し、そのなかから多くの仲間から押されて立候補するような草の根的政治が実現していくことが、今後の日本の課題だと思います。多くの国民がそうであるように、私も政治的勢力とは距離を置く一般人です。一般の国民が自分たちの思いを国政に伝えていく方法や手段を考えあぐね、面倒で地道な活動に参加していくことに躊躇する姿は私も同じです。

国民が「国民の・国民による・国民のため」の憲法改正の実現に向けての運動に参加していく状況をつくり出していくにはどうすればよいのでしょうか。若い人たちの勉強会、地域レベルの勉強会、高齢者の茶飲み話の延長的勉強会等の場で、青臭い、面倒で、難しい話としてではなく、気楽に、楽しみながら、自分たちの生活や利益に直結していく問題として、語り合うことが大事であると思います。このような草の根サロン的勉強会が起点となり、友人や知人への問いかけとなり、街頭での広報活動に発展・拡大していくことができないかと思います。本書を読んでいただけた方で、そのような勉強会を催す場合は、ぜひ、私も参加させていただき、この本の内容に対する疑問、質問、反対意見を聞かせていただくことも私自身の考えの幅が広がると考えています。私の趣旨にご賛同いただける方がたと肩を張らず、自由に語り、可能な範囲の行動を見つけていきたいと思います。

本書の執筆にあたっては、市民の視点で見てもらいたいとの思いから、友人・知人の方がたに原稿を読んでいただきました。久恒啓一、山本孝生、山根豊、斎藤純、斎藤博子、田所君子、秀島正弘、秀島芳子、神野一郎、吉森彰宣、木川理一郎、永田憲行、平島一彦、平島慶子、前村俊一、鵜沢俊雄、向山裕夫、柴田香代子、杉島和三郎、大高治、村田正治、高松加代子、須賀るみ子各氏からの励ましの言葉とご助言をいただき、この紙面を借りて、お礼を申し上げます。執筆の自由な時間と環境を整えてくれた妻の枝美子にもお礼を言いたいと思います。また、株式会社日本地域社会研究所の落合英秋社長、編集担当の八木下知子氏に多大なるご助言とご協力・ご支援をいただきましたことに深く感謝申し上げます。

２０２０年７月

市井の発言者　　猪俣範一

本書は、ＮＰＯ法人 知的生産の技術研究会の機関誌「知研フォーラム」３４７号に掲載されたものに加筆修正を加え、 新たに書き起こして書籍化したものです。

著者紹介

猪俣範一（いのまた・のりかず）

1949年大分県中津市生まれ。九州大学工学部卒業後、東芝入社。以来、重電プラントエンジニアリング部門に従事し、技術者、課長、部長、事業責任者を経て中国国営企業の買収チームリーダーとして交渉役を務める。2005年設立の日中合弁企業（従業員1,000名）にて董事長（会長）、総経理（社長）を兼任し、国営企業意識からの脱却を目指した企業改革を実施。中国人従業員の管理・育成、地元政府機関との折衝、中国顧客との交渉等をとおして中国の実態を体験。会社業務で約30カ国の海外出張を経験し、日本を外から見る視点を養う。現在、NPO法人 知的生産の技術研究会代表幹事、セミナー講師。機関誌「知的生産の技術」などに寄稿。草の根サロン「国民の・国民による・国民のための憲法改正」代表幹事。

連絡先
E-mail：norikazuinomata2@yahoo.co.jp

国民《こくみん》の国民《こくみん》による国民《こくみん》のための憲法改正《けんぽうかいせい》

2020年9月26日　第1刷発行

著　者　猪俣範一《いのまたのりかず》
発行者　落合英秋
発行所　株式会社 日本地域社会研究所
〒167-0043　東京都杉並区上荻1-25-1
TEL（03）5397-1231（代表）
FAX（03）5397-1237
メールアドレス　tps@n-chiken.com
ホームページ　http://www.n-chiken.com
郵便振替口座　00150-1-41143
印刷所　中央精版印刷株式会社

ISBN978-4-89022-262-9